제2판

특허의 이해

정연덕 저

세창출판사

머리말(제2판)

오늘날 지식재산은 기술과 산업의 경계를 넘나드는 핵심 자산이자 경쟁력의 척도가 되고 있다. 인공지능(AI), 빅데이터, 플랫폼 비즈니스 등 4차 산업혁명 시대를 이끄는 모든 기술의 중심에 '창조'와 '보호'라는 지식재산의 두 축이 놓여 있다. 특히 특허는 기술을 권리화하고 사업화의 기반을 마련해 주는 제도로서, 기업 간 인수합병(M&A)의 결정적 요소가 되기도 하며, 글로벌 기술 패권 경쟁에서도 핵심 전략자산으로 부상하고 있다. 이제 지식재산은 단순한 법률 지식의 영역을 넘어, 무형자산으로서 개인과 기업, 국가의 미래를 결정짓는 중요한 자산이 되었다.

『특허의 이해』는 이러한 시대적 흐름 속에서 비법학 전공 학생들이 지식재산에 대한 기본 개념과 실질적인 응용력을 갖출 수 있도록 구성된 교재다. 본서는 〈발명과 특허〉, 〈저작권과 스마트폰의 이해〉 수업을 위한 목적으로 집필되었다. '발명과 특허' 수업은 건국대학교에서 우수 이러닝 수업으로 운영되며, 정규학기 및 계절학기에 수백 명의 학생들이 참여하고 있다. '저작권과 스마트폰의 이해' 수업 또한 서울권역 e-러닝 과목으로서 2015년부터 지금까지 꾸준히 운영되어 왔다.

이 교재는 이공계, 인문사회, 예체능 등 다양한 전공의 학생들이 법학 지식 없이도 지식재산의 기본을 익힐 수 있도록 구성하였다. 법령 조문은 최소화하고, 어려운 법리적 설명은 최대한 배제하며, 실생활 사례와 산업 현장에서의 응용을 중심으로 내용을 구성하였다. 법학 교재라기보다는 실용적인 교양서로서, 특허 전반에 걸친 이론과 실제를 다루되, 법 해설에 그치지 않고 특허경영, 출원 전략, 권리의 활용과 보호 등 실천적 관점을 함께 제시하였다.

이번 개정판에서는 지식재산이 현실 속에서 어떤 의미를 가지며, 미래를 어떻게 설계해 나갈 수 있는지에 대한 통찰을 제공하고자 하였다. 이 책이 지식재산을 처음 접하는 학생들에게 친근한 안내자가 되기를, 그리고 기술과 예술, 산업과 창조의 가치를 이해하는 소중한 출발점이 되기를 바란다.

2025년 8월

일감호가 보이는 연구실에서

정연덕

머리말

최근 지식재산분야는 AI 시대의 도래와 4차 산업혁명 등의 발전으로 점점 중요성이 더해지고 있다. IT 분야에서는 특허를 보유한 기업을 인수 합병하는 일이 많이 발생하고 있다. 앞으로 지식재산이 무형자산으로서 점점 더 중요해질 것이므로 독자들은 이 책을 이용하여 다가오는 AI 시대를 대비하기를 바란다.

이 책은 「발명과 특허」 수업을 위한 교재의 목적으로 작성되었다. 저자는 2007년부터 「발명과 특허」 수업을 건국대에서 강의하고 있는데, 현재 이러닝 수업으로 진행되어 정규 학기와 계절학기에서 수백 명의 학생이 수강하고 있다. 수강생들은 전문적으로 법을 배우지 않은 학생이 대부분이다. 전공은 이공계를 포함하여 인문사회부터 예체능 전공을 하는 학생들이 수강하고 있다. 학생들은 특허를 궁금해 하면서도 일반적인 특허법 교재들이 너무 어렵고 법적인 내용이 많다고 하여 될 수 있는 대로 법 해설의 내용은 적게 해 주기를 바라고 있다. 이에 따라 법학을 공부하지 않은 학생들이 최소한으로 알아야 할 내용을 쉽게 이해할 수 있도록 작성하였다. 될 수 있는 대로 법령의 조문은 적게 쓰고 너무 어려운 내용이나 복잡한 내용도 생략하였다. 기본적인 틀을 제공하여 특허, 상표, 디자인, 영업비밀 등의 이론을 쉽게 접할 수 있도록 하였다. 단순히 특허법만을 해설하기보다는 특허경영과 관련되는 내용, 특허 출원 전략도 논의하고, 특허의 창출, 보호, 활용을 위한 내용, 특허 정보조사 등의 내용을 담고 있다. 변리사 시험을 준비하는 학생들은 기초적인 내용으로 시작할 수 있다. 이 책이 특허를 처음 공부하는 학생들에게 도움이 될 수 있기를 기대해 본다.

아울러 이 책이 출판될 수 있도록 노력해 주신 세창출판사 이방원 사장님을 비롯해 임길남 상무님께 감사의 마음을 전한다. 또한 이 책은 2013년 정부(교육부)의 재원으로 한국연구재단의 지원을 받아 수행된 연구로(NRF-2013S1A5A2A03044362) 한국연구재단에도 감사의 마음을 전한다.

2018년 8월

일감호가 보이는 연구실에서

정연덕

차 례

| CHAPTER 1 | 지식재산

| CHAPTER 2 | 특허 창출

| CHAPTER 3 | 특허 보호

| CHAPTER 4 | 특허 활용

CHAPTER 1

지식재산

Ⅰ. 지식재산

1. 지식재산이란 무엇인가?

(1) 지식재산의 의의

지식재산(Intellectual Property: IP)은 사람, 물건, 토지 등 유형자산과는 달리 형태가 없는 무형자산이다. 지식재산은 인간의 창조적 활동 또는 경험 등에 의하여 창출되거나 발견된 지식·정보·기술, 사상이나 감정의 표현, 영업이나 물건의 표시, 생물의 품종이나 유전자원, 그 밖에 무형적인 것으로서 재산적 가치가 실현될 수 있는 것을 말한다.[1)]

지식재산권(Intellectual Property Rights: IPR)은 문학·예술 과학적 저작물, 실연자의 실연, 음반 및 방송, 인간 노력에 의한 모든 분야에서의 발명, 과학적 발견, 디자인, 상표, 서비스표, 상호 및 기타의 명칭, 부정경쟁으로부터의 보호 등에 관련된 권리와 그 밖의 산업·과학·문학 또는 예술 분야의 지적활동에서 발생하는 모든 권리를 포함한다.[2)]

(2) 연구개발(R&D)과 지식재산권(IPR)

연구개발(Research & Development) 단계는 기초연구·응용연구·개발연구로 구분된다. 기초연구는 특허와 관계가 약하고, 응용·개발연구는 특허와 관련이 많다. R&D 기획 단계부터 특허를 염두에 두어 특허가 창출되기도 하지만, R&D 수행 과정에서 생각

1) 지식재산기본법 제3조(정의) 제1호.

2) 세계지식재산기구(WIPO)의 설립조약 제2조 제8항.

하지 못한 특허가 창출되기도 한다. R&D 기획 단계부터 특허를 염두에 두면 선행기술조사 및 특허동향조사를 통해 기존의 특허보다 발전되거나 또는 기존 특허를 우회하여 새로운 기술을 개발할 수 있다. R&D 수행과정에서 자연스럽게 또는 우연히 새로운 아이디어나 기술이 탄생하여 특허를 취득하게 된다.

2. 지식재산권의 종류

(1) 지식재산권의 분류

기업이 보유한 지식재산은 특허나 상표 등의 형태로 권리화된다. 지식재산권은 특허권 · 실용신안권 · 저작권 · 식물 신품종권 등 다양하다. 지식재산권은 크게 산업재산권(특허 · 실용신안 · 상표 · 디자인권)과 저작권(저작인격권 · 저작재산권)으로 구성된다. 산업재산권은 특허권 · 실용신안권 · 상표권 · 디자인권을 총칭하는 것으로 특허청에 출원하여 등록받음으로써 배타적 독점권이 부여된다. 저작권은 저작인격권과 저작재산권으로 나누어진다. 저작인격권은 저작물(인간의 사상 또는 감정을 표현한 창작물)과 관련하여 저작자의 명예와 인격적 이익을 보호한다. 저작재산권은 저작자의 경제적 이익을 보전한다.

자동차를 예로 든다. '엔진'이나 '트랜스미션' 같은 주요한 기술은 특허로 보호받을 수 있다. 개량의 정도가 낮은 '자동차용 햇빛 가리개'나 '부재중 전화번호 알림판' 등과 같은 액세서리 기술은 실용신안으로 보호받을 수 있다. 자동차의 형상이나 모양, 색채 등은 디자인으로, 자동차에 붙여진 상품 로고나 마크 등은 상표로서 보호받을 수 있다.

특허권은 새로운 기술적 사상을 보호대상으로 한다. 발명자는 해당 기술분야에서 통상의 지식을 가진 사람이 쉽게 실시할 수 있도록 발명의 구성과 효과를 기재하여 출원 · 공개한다. 특허청의 심사를 거쳐 등록되면 출원한 날로부터 최대 20년이 되는 날까지 독점 배타권을 인정받게 된다. 저작권은 논문 · 사진 · 소프트웨어 등 인간의 사상이나 감정을 표현한 창작물을 보호대상으로 한다. 아이디어가 아닌 구체적으로 외부에 표현한 형식이 보호대상이다. 저작권은 저작자의 사망 후 70년까지 권리가 보호된다. 이 밖에 인터넷 등을 이용한 비즈니스 모델 특허와 영업비밀도 기업의 경쟁력 확보에 매우 중요한 지식재산으로 활용되고 있다.

(2) 지식재산권의 체계

위에서 설명한 지식재산권을 체계화하여 도시하면 [그림 1]과 같다.

그림 1 지식재산권의 체계

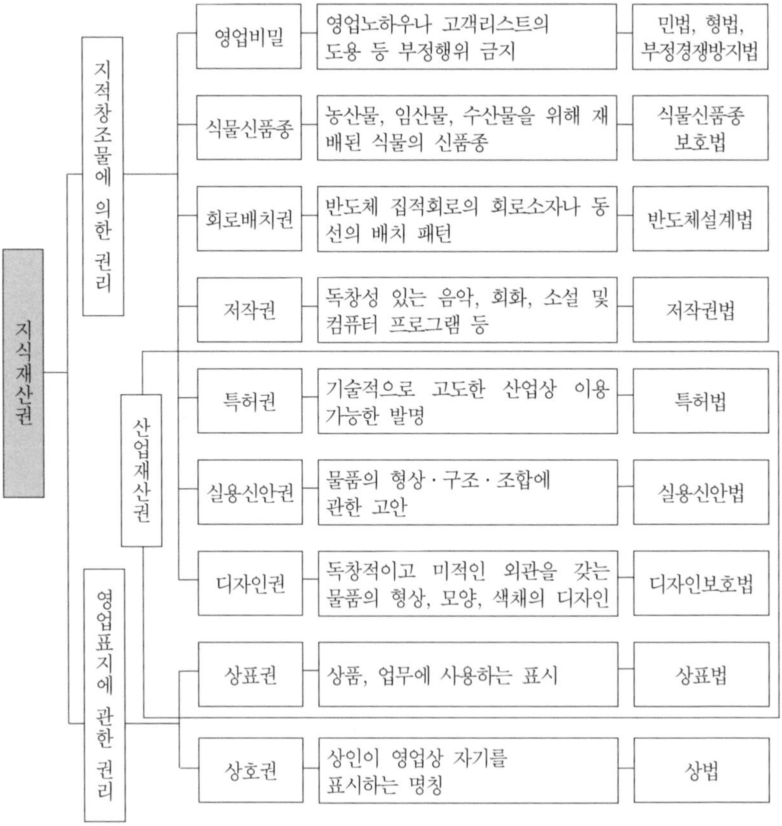

3. 특허의 종류

(1) 컴퓨터 관련 발명과 BM 특허

컴퓨터 관련 발명은 발명 실시에 컴퓨터 · 소프트웨어를 필요로 하는 발명이다. 예를 들면 클라우드컴퓨팅 · 빅데이터 · 데이터베이스 · 인터넷보안 · 모바일 앱 관련 발명이다. 컴퓨터 관련 발명은 소프트웨어(SW) 특허와 영업방법(Business Method 또는 Business Model: BM) 발명으로 구분할 수 있다. 소프트웨어(SW) 특허는 컴퓨터로 처리할 수 있는 일의 순서와 방법을 지시하는 명령어의 집합인 SW에 사용된 기술 또는 방법이 등록된 특허이다. SW는 저작권으로 보호될 수 있는데 저작권은 SW에 사용된 표현 그 자체를 보호대상으로 한다.

영업방법 특허는 사업 아이디어를 컴퓨터 · 인터넷을 통하여 구현한 기술 또는 방법이 등록된 특허를 말한다. BM 발명은 SW에 의한 정보처리가 컴퓨터를 통하여 구체적으로 실현되어야 특허의 대상이 된다. BM 특허는 일반적인 기술 특허와는 달리 비즈니스 기법이나 프로세스의 발명에 대해 주어지는 특허이다. 1998년 미국에서 투자신탁의 운용에 관한 특허[허브 앤드 스포크(Hub and Spoke) 특허]의 유효성이 인정된 이후부터 특허출원과 권리화가 급증하고 있다. 유명한 BM 특허의 예로는 인터넷 서점인 아마존닷컴에 의한 '원 클릭 특허'가 있다. 최초 사용 시에 신용카드 번호와 배송지 등의 개인 정보를 한번 입력해두면 이후에는 간단한 조작만으로 인터넷 쇼핑이 가능한 방법이다.

[예] BM 특허(국내 사례)

ㅇ발명의 명칭: 특허풀 기반의 자금조달 시스템 및 방법(SYSTEM AND METHOD FOR FUND RAISING BASED ON PATENT POOL)

ㅇ출원번호(출원일): 1020060128698 (2006.12.15)

ㅇ등록번호(등록일): 1008545350000 (2008.08.20)

ㅇ특허권자(발명자): 건국대학교 산학협력단 (정연덕)

ㅇ발명의 내용: 특허풀 기반의 자금조달 시스템 및 방법을 제공한

다. 특허풀 기반의 자금조달 시스템 및 방법은 특허풀에 대한 기대 수익을 평가하여 특허풀 상품을 설계하고, 설계된 특허풀 상품에 대한 판매 대금을 기초로 상기 특허풀에 가입한 개별 특허에 대한 배당 수익을 계산한다. 계산된 배당 수익은 개별 특허를 소유한 특허권자에게 지급되는데, 그 결과 특허권자의 유동성 문제가 완화될 수 있다.

(2) 원천 특허와 개량 특허

원천 특허는 특정 기술을 실시함에 있어서 꼭 사용할 수밖에 없는 원천기술과 관련된 특허이다. 원천기술은 제품을 생산하는 데 있어서 필요한 핵심기술이고 다른 기술에 의존하지 않는 독창성을 지녀야 한다. 그로부터 다수 응용기술을 만들어 낼 수 있는 생산성이 있다. 이러한 기술이 특허등록 되면 원천특허라 할 수 있다.

[예] 퀄컴(Qualcomm)의 CDMA 원천기술

1990년 한국전자통신연구원(ETRI)은 최초로 CDMA(코드분할다중접속: Code Division Multiple Access) 기술의 상용화에 성공하였다. 퀄컴은 디지털 무선통신 서비스의 핵심인 CDMA 원천 기술을 개발하여 이를 독점 공급하는 글로벌 정보통신업체이다. CDMA의 원천기술은 대부분 퀄컴이 보유하고 관련된 CDMA 원천특허, 통신 칩세트 등 1,600건을 보유하고 있었다. ETRI가 상용화 기술을 개발해도 퀄컴의 원천특허를 피해 가는 방법은 없었다. CDMA 기술을 이용하는 삼성 등은 휴대전화 단말기 제조에 있어 퀄컴사에 막대한 로열티(기술사용료)를 지급해 왔다.

개량특허는 기존 특허를 토대로 단점을 극복하거나, 성능을 좋게 하는 등 기술적 가치를 더 크게 만드는 방법으로 진보성을 인정받는 특허이다. 기존 특허와 다른 진보성을 입증하는 것이 중요하다.

(3) 물질특허

물질특허는 화학적 · 생물학적 방법에 따라 제조된 유용성을 가진 새로운 물질에 부여되는 특허이다. 물질특허의 대상은 일반적 화학물질 이외에도 유전자 · DNA 단편 · 단백질 · 미생물 등을 포괄한다.

(4) 표준특허

표준특허란 표준기술을 구현하기 위해 반드시 실시하여야 하는 특허이다. 표준에 기재된 내용을 실행하기 위해서 특허 기술을 침해하지 않고는 해당 표준을 실행할 수 없도록 설계된 특허이다. 표준특허는 특허 청구항(Claim)의 구성요소 중 하나 이상이 표준규격에서 그대로 읽히는(Read on) 특허이다. 표준이 통용되는 지역적 범위를 기준으로 표준을 구분하면 국제적으로 통용되는 국제표준,

▌그림 2▐ 표준특허

특정 지역에서 통용되는 지역표준, 해당 국가에서만 활용되는 국가표준이 있다.

표준이 중요한 것은 국가와 단체에서 따르기로 합의한 약속이기 때문이다. 우수한 기술력을 바탕으로 제조된 제품이라도 표준을 따르지 않으면 시장에서 경쟁력이 없다. 예를 들면 시장의 요구로 현재 Micro USB와 Micro USB-C이라는 국제표준으로 합의하여 편리하게 사용하고 있다. 핸드폰 충전기의 규격도 표준에 따라 사용한다. 각종 표준화 기구를 통해 정해진 표준을 의미하는 공식 표준(De jure Standard)과 강력한 시장 지배력을 바탕으로 표준과 같은 영향력을 행사하는 사실 표준(De facto Standard)으로 구분하기도 한다. 대표적인 사실 표준의 사례로 Microsoft의 Windows 등이 있다.

표준특허가 중요한 이유는 표준으로 제정된 기술은 시장에 큰 영향을 미친다. 표준특허는 표준으로 정해진 기술을 후발주자로부터 보호할 수 있고 표준을 따르는 기업으로부터 표준특허 사용에 따른 기술료를 받을 수 있어 지속적인 수익을 보장한다.

EX) LG 전자의 제니스사 인수

LG전자는 미국 디지털방송 관련 표준특허를 보유한 제니스(Zenith)사를 인수하여 2008년 약 1억 달러(약 1,200억 원)의 기술료 수익을 창출하였다. 이는 시장이 형성되지 않았던 기술 분야의 표준특허 보유기업을 인수하는 과감한 투자를 통해 시장형성 이후 수익을 창출한 대표적인 사례이다

표준특허에서 중요한 것은 FRAND(Fair, Reasonable And Non-Discriminatory) 규정이다. FRAND는 "공정하고, 합리적이고, 비차

별적인"을 줄인 말이다. 표준이 된 특허기술의 권리자가 경쟁사에 차별적인 사용조건을 적용하여 발생할 수 있는 불공정 행위를 방지하는 것을 목적으로 한다. 삼성과 애플의 스마트 폰 분쟁에서 삼성은 애플이 이동통신 표준 관련 특허를 침해했다고 주장했다. 애플 측은 국제 이동통신표준화기구(3GPP)가 표준으로 채택하기 전에 관련 기술을 공개해야 한다는 의무를 지키지 않았다고 주장했다. 애플 측은 또 표준 특허에 대해서는 공정하고 합리적이며, 비차별적(FRAND)으로 라이선스할 의무가 있다고 강조했다. 이처럼 표준 특허는 특허소송에서 중요성이 높아지고 있다.

일반적으로 FRAND 선언이 있었다는 사정만으로 표준특허권자의 침해금지청구권 행사가 금지된다고 보아야 할 이유는 없으나, 기술의 공유 및 사회적 확산을 목적으로 하는 기술표준의 본질적 특성에 비추어 표준특허에 근거한 침해금지청구권 행사는 원칙적으로 허용되지 않는다.[3)]

관련 산업이 표준기술에 고착된 다음 표준특허 보유자가 FRAND 확약에 위반하여 과도하게 실시료를 요구하고 이에 응하지 않는 경우에 특허침해금지 등을 통하여 다른 사업자를 위협하는 이른바 특허위협 문제는 대부분 표준 채택의 과실분배에 관한 경제적 이해조정의 문제에 해당한다.[4)]

---

3) 송재섭, "표준특허에 근거한 권리행사의 한계: 침해금지청구권과 손해배상청구권을 중심으로", 저스티스 140, 한국법학원, 2014.2, 210면.

4) 박영규, "삼성과 애플의 분쟁에 대한 경제적, 특허법적 그리고 경쟁법적 고찰: 표준특허, FRAND 조건을 중심으로", 비교사법 19(4), 한국비교사법학회, 2012.11, 1385면.

II. 특허와 다른 권리의 비교

1. 실용신안권

(1) 정 의

실용신안권은 인간 생활에 유용한 새로운 물품을 창작하였지만 특허 부여에 필요한 기술적 진보 또는 발명의 고도성 기준에 달하지 못한 소(小)발명을 짧은 기간 동안 간이 · 신속하게 보호하기 위한 권리이다.

(2) 등록요건

실용신안권도 특허요건과 동일하게 산업상 이용가능성, 신규성, 진보성을 판단한다. 다만 진보성 판단 시 특허는 '기술적 사상의 창작으로서 고도한 것'을 요구하지만, 실용신안은 '기술적 사상의 창작'으로서 고도하지 않아도 된다는 차이가 있다.

(3) 보호대상

실용신안법이 보호대상으로 삼고 있는 것은 산업상 이용할 수 있는 물품의 형상 · 구조 또는 이들의 조합에 관한 고안이다. 고안은 물품에 구현된 공간적 형태로 완성되어야 한다는 점에서 기계장치나 실생활에 쓰이는 기구 등의 물건을 대상으로 하며 반드시 도면이 필요하다. 고안은 고도성(高度性)이 요구되지 않는다는 점에서 자연법칙을 이용한 기술적 사상의 창작으로서 고도한 것을 요구하는 발명과는 구별된다. 실용신안 등록에 고도성이 요구되지 않는다는 것은 고도한 고안을 제외한다는 의미가 아니라 고안의 경우에는 그 수준의 고저(高低)를 묻지 않고 실용신안 등록의 대상이 될 수 있다.

(4) 존속기간

실용신안권은 등록되면 출원일로부터 10년간 존속된다.

2. 디자인권

(1) 정 의

디자인보호법 제2조 제1호에서는 디자인이란 "물품[물품의 부분, 글자체 및 화상을 포함한다. 이하 같다]의 형상 · 모양 · 색채 또는 이들을 결합한 것으로서 시각을 통하여 미감(美感)을 일으키게 하는 것"으로 규정한다. 독립거래의 대상이 되는 유체 동산인 물품의 외관에 관한 창작을 디자인이라고 할 수 있다. 디자인은 ① 물품과 결합되어 있어야 하고, ② 형상 · 모양 · 색채 또는 이들을 결합한 것이므로 구체적인 형태를 가져야 하고, ③ 시각을 통하여 인식할 수 있어야 하고, ④ 미감을 일으켜야 한다.

(2) 등록요건

디자인으로 등록되기 위해서는 공업상 이용가능성, 신규성, 창작비용이성이 필요하다. 공업상 이용가능성은 공업적으로 동일물을 양산할 수 있는 것을 의미하고, 신규성은 이미 공개되어 공유자산이 된 디자인과 다른 새로운 것을 의미하며, 창작 비용이성은 디자인 출원 전에 그 디자인이 속하는 분야에서 통상의 지식을 가진 자가 공지된 디자인의 결합에 의하거나 국내외에서 널리 알려진 형상 · 모양 · 색채 또는 이들의 결합에 의하여 용이하게 창작할 수 없는 것이다.

(3) 보호대상

디자인은 완성품은 물론 물품의 부품이라 할지라도 호환성이 있고 독립적으로 거래의 대상이 되면 보호대상이 된다.

(4) 존속기간

디자인권은 등록되면 출원일로부터 20년간 존속된다.

3. 디자인 특유 제도

(1) 관련 디자인 제도

자기의 등록 디자인이나 디자인등록출원한 디자인(기본 디자인)에 물품의 형상, 모양, 색채 등을 변경한 디자인을 등록함으로써 디자인권의 모방, 도용을 사전에 방지할 수 있는 제도이다.

(2) 한 벌 물품 디자인 제도

2 이상 물품의 조합에 관한 디자인을 하나의 디자인으로 등록받을 수 있는 것으로, 한 벌로 동시에 사용되는 물품이어야 한다. 전체적인 통일성이 있어야 하며 한 벌의 물품의 디자인에는 그 전체로서 하나의 디자인권이 발생한다(예: 한 벌의 다기 세트, 한 벌의 사무용 가구 세트, 한 벌의 여성용 한복세트 등). 한 벌의 물품의 디자인은 그 전체로서 하나의 디자인권이 발생한다.

(3) 비밀 디자인 제도

출원 시 출원인의 신청이 있는 경우에는 디자인권 설정등록일로부터 3년 이내의 기간 디자인 공보 등에 공고하지 아니하고 비밀상태로 둘 수 있도록 한다. 출원인이 일정 기간 출원디자인을 비밀로 함으로써 타인의 침해를 방지하고 사업화에 대한 준비기간을 선택할 수 있도록 하는 제도이다. 비밀로 할 수 있는 기간은 3년 내의 기간에서 이를 단축하거나 연장할 수 있다. 비밀디자인에 대한 침해 발생 시에는 침해자에게 사전 경고 후 권리행사를 할 수 있다.

(4) 디자인 일부심사 등록 제도

기호품, 의복, 사무용품 등 등록률이 높거나 라이프사이클이 짧은 일부 품목(의류 및 패션잡화용품, 섬유제품, 인조 및 천연시트 직물류, 문장구, 사무용품, 미술재료)에 대하여는 실체적 요건 일부에 대하여만 심사하여 심사에 소요되는 기간을 대폭 줄일 수 있는 효과가 있는 제도이다. 일부심사로 등록된 디자인에 대하여서는 누구든지 설정등록이 있는 날부터 디자인 일부 심사등록 공고일 후 3월이 되는 날까지 이의신청을 할 수 있다. 이의신청이 이유가 있다고 인정될 때에는 심사관 3인 합의체의 취소결정으로 등록디자인을 취소할 수 있다.

(5) 복수 디자인 등록 출원 제도

물품류 구분에서 같은 물품류에 속하는 물품에 대하여는 100 이내의 디자인을 1디자인등록출원(이하 "복수디자인등록출원"이라 한다)으로 할 수 있다. 이 경우 1 디자인마다 분리하여 표현하여야 한다.

(6) 부분 디자인 제도

물품의 부분(예: 가위의 손잡이 부분, 안경테의 귀걸이 부분 등)에 관한 디자인도 등록을 받을 수 있도록 한 제도이다. 부분디자인의 도면은 부분디자인으로 등록을 받으려고 하는 부분을 실선으로 표현하고, 나머지 부분은 파선 등을 사용하여 표현한다. 부분디자인 제도는 디자인에서 가장 특징적인 창작 부분에 대해서만 권리범위를 설정함으로써 물품의 다른 부분의 형상이 다르더라고 부분디자인의 권리 부분이 동일 또는 유사한 경우 권리침해를 주장할 수 있어 폭넓게 보호받을 수 있는 장점이 있다.

4. 상표권

(1) 정 의

상표는 상품에 부착되어 그 상품의 출처를 나타내고, 동일한 상표가 부착된 상품이 동일한 출처에서 생산 또는 판매되었음을 의미하는 식별 표지이다. 상표는 소비자가 상품의 출처를 인식하고, 그 출처에 대한 신뢰를 바탕으로 상품의 품질을 유추하며 동일한 품질을 기대할 수 있도록 돕는 기능을 가진다. 이러한 출처 및 품질의 동일성을 확인하게 해 주는 수단에는 상표 외에도 상호, 상품의 전체적 외관, 트레이드 드레스(trade dress) 등이 포함된다.

우리 상표법은 상표의 개념을 명시적으로 규정하고 있다. 상표법 제2조 제1항 제1호에 따르면, '상표'란 "자기의 상품과 타인의 상품을 식별하기 위하여 사용하는 표장(標章)"을 말한다. 또한 같은 항 제2호에서는 '표장'을 "기호, 문자, 도형, 소리, 냄새, 입체적 형상, 홀로그램, 동작, 색채 등으로서 그 구성이나 표현방식에 상관없이 상품의 출처를 나타내기 위하여 사용하는 모든 표시"로 정

의하고 있다. 과거에는 서비스표와 상품표를 구분하였으나, 2016년 2월 29일 상표법 개정을 통해 이러한 구분은 폐지되고 통합되어 '상표'로 통일되었다. 따라서 현재 상표법상의 '상표'는 식별력이 있는 등록요건을 갖춘 표장을 의미하며, 단체표장과 업무표장도 포함하는 넓은 개념으로 정의된다. 상표는 자기의 상품(지리적 표시가 사용되는 상품의 경우를 제외하고는 서비스 또는 서비스의 제공에 관련된 물건을 포함한다)과 타인의 상품을 식별하기 위하여 사용하는 표장(標章)을 말한다.

(2) 등록요건

상표는 타인의 상표와 구별할 수 있는 식별력이 있어야 등록상표로서 보호받을 수 있다. 그러나 식별력이 없는 상표라도 출원 전에 상당기간 사용한 결과 그 상표가 수요자 간에 누구의 업무와 관련된 상품을 표시하는 것인지 현저히 인식된 상표는 그 상품에 한정하여 상표 등록을 할 수 있다.

(3) 존속기간

상표권은 등록되면 등록일로부터 10년간 존속되며, 갱신등록 신청을 통해 10년마다 갱신할 수 있다.

(4) 상표의 유사 대비

상표의 유사란 대비되는 두 상표가 동일 또는 유사한 지정상품에 사용된 경우에 상품의 출처에 관하여 일반수요자가 오인, 혼동을 일으키는 염려가 있는 것을 말한다. 상표가 유사하기 위해서는 원칙적으로 상표의 속성인 외관형상이 유사하거나, 호칭이 유사하거나 의미가 유사하여야 한다.

두 상표를 대비할 때에는 시간과 장소를 달리하여 관찰할 경우 두 상표를 대하는 일반수요자가 두 상표를 혼동하는가, 또한 상표 일부분이 아닌 전체적으로 관찰하여 두 상표가 혼동되는가를 원칙으로 한다. 지정상품의 유사는 대비되는 두 상품의 객관적인 속성, 상품의 품질, 용도, 원재료, 제조 방법의 공통성, 제조장소나 판매점 등이 현실로 공통되는가에 따라 거래사회에서 현실적으로 두 상품이 오인, 혼동을 일으킬 염려가 있는지를 판단하여야 한다.

5. 저작권

(1) 저작물

인간의 사상 또는 감정을 표현한 창작물을 말한다.

(2) 저작자

저작권법상 저작자는 자연인이 되는 것을 원칙으로 한다. 다만 예외적으로 법인 · 단체 그 밖에 사용자("법인 등")의 기획하에 법인 등의 업무에 종사하는 자가 업무상 작성하는 저작물에 대해서는 법인을 저작자로 의제하고 있으며, 이러한 저작물을 업무상 저작물이라고 한다.

(3) 저작물 성립요건

저작권법에서 인정하는 저작물은 문학 · 학술 또는 예술의 범위에 속하는 창작물로서 저작권으로 보호받기 위해서는 ① 인간의 사상 또는 감정을 표현한 것으로, ② 창작성이 있어야 한다. 창작성은 남의 것을 모방하지 않고 작가 자신의 독자적인 사상 또는 감정의 표현을 담고 있음을 의미하는 것으로 높은 수준의 창작성이 요구되는 것은 아니다.

(4) 보호대상

저작권법은 표현된 것을 보호하는 것이지 그 아이디어 자체를 보호하는 것은 아니다. 따라서 아이디어의 표현만 독창적이면 된다. 예를 들면, 요리책을 그대로 복사하는 행위는 저작권 침해가 되지만 요리책 속에 쓰인 방식대로 요리하는 것은 저작권 침해가 아니다.

(5) 저작물의 등록

저작물은 산업 정책적인 의미는 없어 특허, 실용신안, 디자인 및 상표와 같은 권리 취득을 위한 출원 및 등록은 저작권의 권리 발생 요건이 아니다. 저작권의 경우 창작과 동시에 발생한다. 등록을 필요로 하지 않는 무방식주의를 채택한다. 저작권위원회에 저작권을 등록하는 경우 법정 추정력 · 대항력이 발생하여 분쟁 시 권리자가 입증책임을 면할 수 있다.

6. 컴퓨터 소프트웨어(SW)

(1) SW의 표현(저작권)

저작권법에 따라 컴퓨터 프로그램(SW)의 표현을 저작권으로 보호할 수 있다. 컴퓨터프로그램저작물은 특정한 결과를 얻기 위하여 컴퓨터 등 정보처리능력을 갖춘 장치 내에서 직접 또는 간접으로 사용되는 일련의 지시 · 명령으로 표현된 창작물이다. 저작권에 의한 컴퓨터 프로그램(SW)의 보호는 불법복제 방지에 효과적이나 SW에 포함된 아이디어 · 기능 등 SW 기술은 보호할 수 없다.

(2) 프로그램 저작물의 등록

컴퓨터 프로그램도 저작권의 일종으로서 등록하지 않아도 권리는 발생한다. 그러나 권리의 귀속에 대하여 분쟁이 발생하는 경우 재판과정에서 자사가 사용하고 있는 프로그램을 특정하거나 창작된 일시 등을 입증하는 것이 중요하므로 등록제도를 활용하는 것이 일반저작물 이상으로 의미가 크다. 프로그램 저작물 등록 신청절차는 한국저작권위원회에서 가능하다.

(3) SW의 기술(특허권)

컴퓨터 프로그램(SW)에 사용되는 기술(예: 인터넷 동영상 기술, 데이터 압축 기술)은 하드웨어와 결합하면 특허로 보호할 수 있다. 예를 들면, SW를 기록한 컴퓨터로부터 읽을 수 있는 기록매체는 SW의 기능을 실현할 수 있게 하는 매체와 SW 간의 구조적 · 기능적 상호관계를 정의하고 있으면 특허의 대상이 될 수 있다.

7. 영업비밀

(1) 정 의

영업비밀은 공공연히 알려져 있지 아니하고 독립된 경제적 가치를 가지는 것으로서 합리적인 노력으로 비밀로 유지된 생산방법 · 판매방법 기타 영업활동에 유용한 기술상 또는 경영상의 정보를 말한다. 영업비밀에는 생산방법이나 영업활동에 유용한 기술정보뿐 아니라 판매방법이나 경영정보도 포함된다. 기술정보는 설계방법 · 설계도면 · 실험데이터 · 제조기술 등을 말하고, 경영정보는 고객명부 · 거래처명부 · 판매계획, 제품의 할인시스템, 부기방법, 사무실 관리방법 등이 포함된다.

(2) 보호요건

산업기술이 영업비밀로 인정되기 위해서는 ① 보유주체의 영업 활동에 유용한 것이어야 하고, ② 그 기술이 공지되어 있지 말아야 하며, ③ 상당한 노력으로 비밀로 유지되고 있어야 할 뿐만 아니라, ④ 독립된 경제적 가치를 지니는 것이어야 한다.

[예]

KFC 치킨의 양념 비법이나 코카콜라 원액 제조방법을 영업비밀로 유지하면 비밀이 공개되지 않는 한 독특한 맛을 독점 생산할 수 있다. 특허로 등록하면 존속기간이 종료된 경우 그 이후 누구나 생산할 수 있다.

8. 디자인, 상표, 저작권의 교차 영역

디자인은 상표나 저작물과도 일부 중첩된다. 글자체 디자인은 저작권법과, 제품 외관은 상표법상 입체상표와 보호영역이 겹칠 수 있다. 다만 디자인보호법은 '반복생산 가능한 물품'에 한정되고, 일정한 존속기간을 가진다는 점에서 상표 및 저작권과 구별된다.

(1) 히딩크 넥타이 사건 – 응용미술저작물로서의 보호 가능성

대법원은 2004년 7월 22일 2003도7572 판결에서 일명 '히딩크 넥타이' 사건을 통해 응용미술저작물의 보호범위를 구체화하였다. 이 사건은 2002년 월드컵 당시의 승리를 기원하는 의미로 고소인이 창작한 넥타이 도안이 쟁점이 되었다. 해당 도안은 우리 민족의 전통 문양인 태극문양과 팔괘문양을 상하좌우로 반복 배열한

것으로, 고소인은 이를 직물에 선염 또는 나염 방식으로 복제하여 넥타이를 제작·판매하였다.

피고인 역시 유사한 방식으로 같은 도안을 복제하여 넥타이를 제작·판매한 사실이 인정되었고, 대법원은 이 도안이 그 이용된 물품(넥타이)과 구분되어 독자성을 지닌다면, 저작권법 제2조 제15호에서 정한 응용미술저작물에 해당한다고 판시하였다. 즉, 해당 도안이 단순한 장식에 그치지 않고, 물품과 분리되어 독립된 창작물로 인정된다면 저작권법에 의한 보호 대상이 될 수 있음을 인정한 것이다.

이 판례는 디자인이 응용미술로서 저작권법의 보호를 받을 수 있는 가능성을 명확히 했다는 점에서, 디자인과 저작권의 경계를 해석하는 데 중요한 의미를 지닌다.

(2) 버버리 체크무늬 사건 – 상표, 저작권의 교차 영역

2013년 1월, 영국의 유명 패션 브랜드 버버리는 LG패션 산하 브랜드인 닥스를 상대로 자사 고유의 체크무늬를 무단 모방했다는 이유로 소송을 제기하였다. 이에 대해 닥스 측은 체크무늬는 이미 널리 보편화된 문양으로, 이를 특정 브랜드의 고유 재산으로 간주하는 것은 무리가 있다며 맞소송을 검토하였다.

버버리의 체크무늬는 1998년 대한민국 특허청에 상표로 등록되어 있었으며, 이로 인해 버버리는 해당 무늬에 대해 배타적인 권리를 가진다. 상표법에 따라 이 무늬를 무단으로 사용하면 7년 이하의 징역 또는 1억 원 이하의 벌금형에 처해질 수 있다. 버버리 체크는 그 자체만으로도 소비자가 버버리 상품임을 인식할 수 있을 정도로 강력한 출처표시 기능을 갖춘 것으로 판단되어 상표 등록이 가능하였으며, 상표권은 10년 단위로 갱신함으로써 사실상

영구적 권리행사가 가능하다.

Ⅲ. 지식재산 경영

1. 지식재산 경영

(1) 기업 특허전략

작은 벤처기업에 불과했던 미국의 퀄컴이 CDMA 특허로 우리나라에서 5조 원 이상의 기술사용료를 받았고 세계 최고수준의 이동통신 전문기업으로 성장하였다. 현재도 스마트폰 관련 다양한 특허를 보유하고 있다. 특허경영과 특허전략은 경영에 있어 결코 빠질 수 없는 핵심적인 키워드가 되었다.

우리나라 삼성전자는 1990년대 중반부터 특허출원을 양에서 질로 전환하고, 강한 특허 즉, 표준특허와 원천특허를 확보하는 전략을 구사하면서 R&D 부문과 특허부문이 적극적으로 협조하도록 하였다.

(2) 특허 보호를 소홀히 한 예

최근 국내외를 불문하고 기업 경영에서 특허와 같은 지식재산권의 중요성이 증대하여 분쟁이 증가하고 있다. 과거에 주로 대기업이나 규모가 큰 중견기업에 국한되던 특허분쟁이 이제는 중소기업에까지 확산되었다. 거대 외국기업이나 특허괴물이라고 불리는 NPE(Non-Practicing Entity: 특허를 수익창출의 수단으로 사용하는 비제조 특허 전문 회사)는 돈이 된다면 중소기업에 특허소송을 제기하고 있다. 반면에, 국내 중소기업 중에서도 자신이 보유한 특허나 디자인, 상표에 대한 권리를 침해당하는 경우에는 적극적으로 권리행사에 나서는 경우가 많아졌다.

엠피맨닷컴은 2001년 세계최초로 MP3 플레이어를 개발하여 원천기술에 대한 특허권을 취득하였다. MP3 플레이어에 활용되는 파일압축 기술은 1980년 초 독일의 프라운 호프가 개발했으나 이를 오디오에 최초에 이용한 것은 엠피맨닷컴이었다. 우수한 기술을 가지고 있으나, 후발 주자들이 특허 무효 소송으로 시간을 벌면서 특허기술을 무단으로 사용하는 것에 제대로 대응하지 못하여 레인콤에 인수되었다. 원천기술을 개발하더라도 지식재산의 전략적 가치를 소홀히 하면 특허가 무효가 되기도 하고 다른 기업, 기관이 이를 매집하여 기업을 공격하는 수단이 될 수 있다.

(3) 중소기업 특허전략

다양한 특허를 확보해야 기술과 특허전쟁에서 성공적인 방어와 공격을 구사할 수 있다. 특허전략은 특허의 창출, 관리, 활용 측면에서 이루어져야 한다. 특허창출은 발명을 통한 자체적 창출만이 아니라 특허 매입, 기업인수합병 등을 통해서도 할 수 있다. 특허관리 측면에서는 기업이 보유한 특허만을 관리하는 것이 아니라 경쟁사 보유 특허를 모니터링하고 대응방안을 만들어야 한다. 특허전략의 수립과 특허포트폴리오 구축에 있어 관련시장규모, 제품출시시기, 라이프사이클 등을 고려하여 차별화가 필요하다.

특허출원단계에서 시장변화에 따라 청구항이 재조정(reposition)되도록 하며, 특허포트폴리오 구축에 있어서 반드시 자사에서 창출된 발명만을 토대로 하는 것이 아니라 사업전략상 필요하다면 외부 특허권을 매입하여야 한다. 외부로부터 특허권 확보 방법은 특허권 자체를 매입하는 방법도 있고, 매입대상 특허권을 가지고 있는 회사를 M&A를 하는 방법도 있다.

기업은 지속적으로 특허공개공보를 모니터링하여 해당 기술 분야에서 경쟁사 또는 신규참여자가 어떤 특허활동을 하고 있는지 파악하도록 하며, 문제가 될 우려가 있는 특허출원이 파악되면 적극적으로 정보제공을 하여 경쟁사 특허등록이 저지되거나 적어도 특허권의 보호범위가 지나치게 넓게 등록되지 않도록 한다.

중소기업의 입장에서 선택할 수 있는 특허획득 전략으로는 거들(Girdle) 전략, 블랭킹(Blanking) 전략, 특허홍수(Patent Flooding) 전략, 펜싱(Fencing) 전략 등이 있다. 이 중에서 거들(Girdle) 전략은 경쟁사의 선행특허를 에워싸는 형태로 개량특허를 획득하여 경쟁사로 하여금 제품의 상업화에 제동을 거는 전략이다. 블랭킹(Blanking) 전략은 자사의 개발방향과 관련된 기술에 대해 대량으로 특허권을 획득하여 경쟁사가 비집고 들어올 틈을 주지 않는 전략이다. 특허홍수(Patent Flooding) 전략은 경쟁사가 보유하고 있는 특허의 사소한 변형들에 대한 특허를 대량으로 획득하여 경쟁사의 특허에 대하여 포위망을 구축함으로써 경쟁사에 대하여 수적 우세를 통하여 경쟁력을 확보하는 전략이다. 펜싱(Fencing) 전략은 경쟁사의 특허분석을 토대로 앞으로 경쟁사가 개발할 가능성이 있는 개량특허를 미리 선점하는 전략이다.

2. 특허괴물

(1) 레멜슨 특허

미국의 Jerome H. Lemelson(이하 '레멜슨')은 특허괴물(Patent Troll)의 대부로 불린다. 레멜슨은 약 40년 동안 평균 한 달에 1개의 특허를 취득하여 총 558개의 특허를 취득하였다. 1954년 바코드 스캐닝에 관한 발명을 출원한 후 1993년까지 출원내용을 지속해서 보정해 개량특허를 취득하였다. 1989년에 자동차업계가 바코드 시스템을 채용하면서 레멜슨은 자동차업계에 대해 보유 특허를 이용해 로열티를 받았고, 죽기 전까지 받은 로열티는 총 15억 달러에 달한다. 레멜슨이 죽은 후, 레멜슨 재단은 특허들을 양도받아 지속해서 특허침해소송을 제기하고 있다.

(2) NPEs

특허전문기업(Non-Practicing Entities: NPEs)은 특허기술을 이용하여 상품의 제조·판매나 서비스 공급은 하지 않으면서 특허를 실시하는 자 등에 대한 특허권의 행사를 통하여 수익을 창출하는 것을 목적으로 하는 사업자를 말한다. 특허전문기업은 특허를 소유하지만, 생산이나 실시를 하지 않기 때문에 NPE(Non-Practicing Entity)라고 부르며, 기술이전 또는 소송을 통해 수익을 창출하는 전략을 구사한다. 미국의 경우 통신분야 기업을 대상으로 조사한 결과 2003~2008년 특허분쟁의 76%가 이들 특허전문기업에 의한 소송으로 나타났다. 대표적인 특허전문기업으로는 인터디지털, 인텔렉추얼벤처스(IV) 등이 있으며, 제조회사들을 상대로 무차별적인 소송을 제기하여 막대한 금전적 이득을 취하여 흔히 '특허괴물(Patent Troll)'이라고도 한다.

NPEs는 개인 · 중소기업 · 연구기관과 같이 특허권을 행사할 역량이 부족하거나 스스로 특허를 사업화할 의사가 없는 자의 특허를 매입 · 관리하는 등의 방법으로 이들이 정당한 기술료를 받을 수 있도록 하여 발명의 유인을 제공하고, 특허가 있어야 하는 자에게 특허권이 이전될 수 있도록 중개인의 역할을 하여 특허기술의 거래를 활성화하고 특허권의 자본화 · 유동화에 이바지할 수 있다.

NPEs는 다량의 특허를 보유하면서 기업을 상대로 고의로 특허분쟁을 유발하고 손해배상을 요구하는 등 특허권을 남용할 우려도 있어 특허괴물(Patent Troll)로 불리기도 한다. NPEs는 보유하고 있는 특허를 실시(Practice)하지는 않으며, 따라서 특허와 관련된 기술이나 상품 등을 연구 또는 개발하지 않는다. NPEs는 특허발명을 활용 가능한 상품이나 공정 등으로 전환하는 과정에서 아무런 이바지를 하지 않는다. NPEs는 관련 산업에 참여하고 있는 기업들이 되돌릴 수 없을 만큼 투자를 할 때까지 기다렸다가 특허권을 주장하는 경우가 빈번하다. NPEs는 특허침해 문제를 제기해 특허사용료나 합의금을 받으려는 목적으로만 특허를 취득한다. NPEs는 실제로 상품을 생산 · 판매하지 않는 비실시기업이라는 지위를 소송전략으로 활용하는데, 이런 지위는 NPEs가 맞소송을 당할 가능성을 낮게 하는 요인이다. NPEs는 특허청구항의 범위가 명확하지 아니한 특허를 취득해 불특정 기업들을 상대로 동시에 특허 주장을 하며 이렇게 특허침해 혐의를 받는 기업 중에 일부가 불확실하고 비용이 드는 소송을 진행하기보다는 합의할 것이라고 기대한다.

(3) 특허괴물의 전략

TechSearch와 Intel의 특허소송(1999)에서 변호사인 Peter Detkin이 사용한 용어로 특허를 실시할 의도도 없으면서 특허를 이용해 돈을 버는 기업 및 사람을 빗대어 표현하였다. 특허를 침해한 기업 상대로 특허에 대한 로열티를 요구한다. 목표한 기업이 라이선스를 거부하면 소송을 제기하여 기업의 제품 생산, 판매를 막고 기업의 급박한 상황을 이용하여 막대한 보상금을 합의한다.

오션토모는 지적재산을 이용해 M&A, 투자, 가치평가, 전문가 분석, IP경매에 관한 지식재산 관련 컨설팅 업무를 수행하며, 전문

컨설팅 서비스, 가치 평가 서비스, 투자 서비스, 위험 관리 서비스 등을 실행한다. 아카시아 리서치는 실패한 벤처 기업을 인수하여 특허 포트폴리오를 분석하고 라이선싱 가능한 특허를 선별하여 로열티 수익을 올리고 향후 라이선스를 체결할 가능성이 있는 회사에 특허 소송 관련 자료를 보내 라이선스 협약 체결을 유도하고 있다.

Intellectual Ventures(이하 IV)는 아이디어라는 무형의 자산에 투자하여, 개인 또는 기관이 보유한 발명의 아이디어를 매입하여 금액을 지불한다. Microsoft Corporation의 CTO이자 최고 소프트웨어 설계자였던 Edward Jung, Perkins Coie 로펌의 파트너였던 Greg Gorder, Intel Coporation의 부사장이며 최초로 'Patent Troll'이라는 용어를 사용했던 Peter Detkin이 설립자이다. IV사는 폐업한 기업, 개인, 발명가 및 다른 사람들로부터 특허를 사들이면서, 대학, 연구소로부터 특허를 매입하였다. 발명의 아이디어 매입 후, 합의된 금액의 대가를 지급하게 되며 앞으로 그 아이디어가 발명으로서 특허화되고 이를 통해 수익이 발생하게 되면 그동안 발생한 비용은 먼저 처리한 후, 수익에 대해서 IV와 발명가가 나누어 가진다.

미국을 중심으로 특허침해소송에서 비실시기업이 제기한 소송 비율이 증가하고 있으며, 지난 10년 동안 약 13배의 증가추세를 보이고 있다. 2010년까지 꾸준하게 증가해 오던 비실시기업이 제기한 소송은 2012년 다소 주춤하는 경향을 보이는데, 이것은 미국 개정발명법 발표 이후 NPE 특허침해소송 남발을 줄이기 위한 노력의 결과로 파악된다.[5]

---

5) 임동규 · 이성주, "특허확보 및 활용 패턴 분석을 통한 비실시기업의 분류: BM 구성요소 중심으로", 지식재산연구 11(1), 한국지식재산연구원, 2016. 3, 130면.

3. LG전자 vs 대만 콴타 특허소송

(1) 특허분쟁 이력

1999년 LG전자가 Wang 컴퓨터의 특허권을 매입하였다.[6] 2000년 LG전자는 인텔과 매입한 특허에 대해 모든 PC에 사용할 수 있는 라이선스 계약을 하였다. 대만기업들(Quanta, Asus, Biz-Com, Compal, Everex) 등은 특허기술이 사용된 마이크로프로세서를 인텔로부터 구매하고 PC를 생산하여 Dell, HP, Gateway에 판매하였다. 이후 LG전자가 대만기업을 상대로 특허소송을 제기하였다.[7]

(2) 엘지전자 측 주장

LG와 인텔과의 라이선스 조건은 인텔제품이 아닌 것과 결합되는 칩은 상기 특허를 침해하는 것이라고 조건에 명시하였다. 인텔은 대만기업에 상기 제한조건들에 대해 통보하였다. 대만기업은 그들이 제조한 컴퓨터에 상기 칩들을 탑재하여 판매하였다. 이에 LG의 특허를 침해한 것이라고 주장하였다.

---

6) US 4,918,645 – 'Computer bus having page mode memory access'
US 4,926,419 – 'Priority apparatus'
US 4,939,641 – 'Multi-processor system with cache memories'
US 5,077,733 – 'Priority apparatus having programmable node dwell time'
US 5,379,379 – 'Memory control unit with selective execution of queued read and write requests'
US 5,892,509 – 'Image processing apparatus having common and personal memory and capable of viewing and editing an image commonly with a remote image processing apparatus over a network'

7) Quanta Computer, Inc. v. LG Electronics, Inc., 553 U.S. 617 (2008).

(3) Quanta 측 주장

침해가 아니라고 주장하였다. 대만기업은 엘지전자에 로열티를 지급한 인텔로부터 칩을 구매하여 사용하였으므로, 특허권 소진이론(exhaustion theory) 또는 묵시적 라이선스에 따라 특허침해가 아니라는 주장을 하였다. 특허권 소진론은 특허제품을 특허권자 혹은 실시권자가 일단 판매한 경우, 특허권 행사가 제한되어 구매자로부터 이중 로열티(double royalty)를 받을 수 없는 법리이다. 묵시적 라이선스는 특허제품 또는 필수 부품을 특허권자 또는 실시권자가 판매한 경우, 구매자에게는 묵시적으로 실시권이 허여된다는 것으로 본다는 법리이다. LG전자는 자사가 특허를 가진 칩에 대해 인텔이 로열티를 지급하는 것과 별개로 이 칩을 내장해 컴퓨터를 생산하는 업체들도 로열티를 내야 한다는 입장이다. 이에 대해 대만 콴타는 이미 인텔이 로열티를 낸 칩을 사용하는 것이기 때문에 LG전자 요구는 이중청구라고 주장했다.

(4) 사안의 경우

LG전자가 특허권을 가진 메모리칩 기술에 대해 미연방대법원이 이중 로열티를 부과해선 안된다는 판결을 하였다. LG가 특허권을 가진 인텔칩을 노트북 주문자상표부착(OME) 메이커인 대만 콴타컴퓨터가 사용하는 데 대해 LG가 추가 로열티를 부과해선 안된다고 했다. 미국의 연방대법원이 Quanta 판결을 통해 비특허 부품의 판매로 인한 방법발명의 권리 소진을 인정한 이후, 연방특허항소법원은 Quanta 판결을 인용하며 비특허 기구와 소모품의 판매에까지 방법발명의 권리 소진을 인정하였다.[8)]

8) 이수미 · 박영수, “특허권 소진의 원칙과 조건부 판매 간의 조화와 충돌에 관한 연구: 미국의 Quanta 판결 이후 소모품 판매 관련 사건들을 중심으

4. 삼성전자 vs 애플 특허소송

(1) 특허분쟁 이력

2011년, 애플은 삼성전자를 상대로 미국에서 디자인 특허 침해 소송을 제기하였다. 애플은 삼성전자가 출시한 스마트폰 제품군인 '갤럭시S 4G', '넥서스S'와 태블릿PC '갤럭시탭' 등이 자사의 '아이폰'과 '아이패드'의 외관 디자인을 모방했다고 주장하면서, 이는 "선을 넘은(Cross the line)" 행위라며 비판하였다.

애플이 침해당했다고 주장한 디자인 특허는 크게 세 가지였다. 첫째는 사각형에 둥근 모서리를 가진 외관 디자인(D677), 둘째는 액정화면 주위에 테두리를 덧댄 구조에 관한 디자인(D087), 셋째는 계산기처럼 격자 형태로 앱 아이콘을 배열한 사용자 인터페이스 디자인(D305)이다. 이에 대해 삼성전자는 1심에서 해당 디자인 특허를 침해했다는 판결을 받았고, 약 3억 9,900만 달러의 손해배상 책임을 인정받았다.

2012년 8월, 미국 캘리포니아주 산호세 지방법원 배심원단은 삼성전자의 제품이 애플의 트레이드 드레스(trade dress: 제품 고유의 외형이나 장식, 전체적인 이미지)를 침해했다고 판단하였다. 배심원단은 삼성전자가 약 10억 5천만 달러를 배상해야 한다는 평결을 내렸으며, 재판부는 이를 일부 조정하여 약 9억 3천만 달러의 배상 명령을 내렸다.

이후 항소심을 통해 삼성전자는 배상액을 절반가량 줄이는 데 성공하여 최종적으로 약 5억 4,800만 달러를 애플에 지급하게 되었다. 이 중 3억 9,900만 달러는 디자인 특허 침해에 해당하는 배

로", 법학연구 17(4), 인하대학교 법학연구소, 2014.12, 74면.

상액으로 산정되었으며, 삼성전자는 이 배상액 산정이 부당하다는 취지로 미국 연방대법원에 상고하였다. 결과적으로 2016년 미국 연방대법원은 8명의 대법관 전원일치 의견으로 원심을 파기하고 사건을 하급심으로 환송하였다.

(2) 특허의 중요성

미국의 경우 디자인 특허가 따로 없고, 특허 내의 디자인 특허로 보호한다. 이 판결은 단순한 외형의 유사성이 아닌, 디자인 권리 침해에 있어 그 권리의 범위와 침해 판단의 기준에 대한 글로벌 차원의 법리 쟁점을 제기한 대표 사례로 평가된다. 또한 디자인 침해로 인한 손해배상액 산정에서 '전체 제품의 이익'을 기준으로 할 수 있는지, 아니면 디자인이 구현된 부품 수준에서 산정해야 하는지를 둘러싼 중요한 쟁점도 함께 다루어졌다.

CHAPTER 2

특허 창출

Ⅰ. 아이디어 만들기

1. 아이디어 발상에 유용한 도구

(1) 브레인스토밍

여러 사람이 모여 아이디어를 만드는 방법으로 자주 거론되는 것이 브레인스토밍이다. 브레인스토밍에는 다음과 같은 규칙이 있다.

규칙❶ 다른 사람의 발언은 비판하지 않아도 좋다.
규칙❷ 자유분방한 발언을 환영한다. 몽상도 좋다.
규칙❸ 질보다 양을 중요하게 여긴다.
규칙❹ 다른 사람의 아이디어에 무임승차한다.

IDEO라는 미국의 산업디자인회사에서는 브레인스토밍의 효과를 더욱 높이기 위해 다음과 같은 7가지 방식을 사용한다.

① 초점을 명확히 한다.
② 놀이하는 기분으로 참가한다.
③ 아이디어의 수를 헤아린다.
④ 힘을 축적하여 도약한다.
⑤ 장소는 기억을 일깨운다.
⑥ 정신의 근육을 긴장시킨다.
⑦ 신체를 사용한다.

(2) 트리즈

창의적 문제해결 방법의 하나인 트리즈(TRIZ: Teoriya Resheniya Izobretatelskikh Zadatch)는 유대계 러시아인 겐리히 알트슐러(G. Altshuller)가 개발한 발명 관련 방법론이다. 다수의 특허에서 나타나는 공통적 특성을 체계화시킨 것이다. 20만 건 이상의 전 세계 특허를 분석하고 공통점을 추출하니 창의성은 모순을 극복한 결과이며 주변의 자원을 최대한 활용하는 특징이 있다는 것이다. 트리즈는 성공한 제품이 어떻게 개발됐는지 역분석해 새로운 방법을 제시한다.

브레인스토밍 기법은 실제로 문제를 해결해 주는 것이 아니라 문제 해결을 위한 아이디어만을 제공한다. '트리즈는 무엇을 해결해야 하는가'를 가르쳐 주는 것과 함께 '어떻게 해결해야 하는지'를 가르쳐 준다. 트리즈의 기대 효과는 제품 개발 시 발생되는 문제점을 40가지 원리 등 특유의 트리즈 기법으로 접근한다. 단순히 문제를 개선하는 차원을 뛰어넘어 혁신적 문제 해결이 가능하다. 예를 들어 제품과 부품을 기능 위주로 분석, 다른 부품이 기능을 대신하거나 해당 부품이 필요 기능을 수행하도록 변형하는 등의 재설계를 통해 개발 비용 등을 절감할 수 있다.

2. 특허정보 조사

특허 정보는 특허 제도상에서 특정 발명에 대해 이러한 권리를 부여하는 과정에서 나타나는 모든 관련 정보이다. 일반적으로 출원인이 특허권을 인정받기 위해서 해당 국가기관에 특허출원서를 제출하는 출원 행위에서부터 발생되는 모든 문서상, 행정상 정보들을 포괄한다. 특허정보의 디지털화 때문에 각국의 특허청이나 데이터베이스 공급기관들이 특허 정보 데이터베이스를 구축하는 데 더욱 용이한 여건을 가지게 되었다.

(1) 선행기술조사

연구개발 단계에서는 선행기술조사로 타사의 특허 등의 지식재산권과의 관계를 파악하면서 특허맵 등을 작성함으로써 연구 방향을 파악할 수 있다. 선행기술 조사는 출원된 발명의 신규성이나 진보성 등 특허요건을 검토하기 위해 관련된 기술을 검색하는 것이다. 출원하고자 하는 기술과 동일한 기술이 이미 등록되어 있거나 공지(공개)되어 있다면 특허출원을 하더라도 등록받기 어려우므로 특허출원 전 선행기술 조사는 중요하다. 조사범위는 주로 '특허공개공보', '특허공보', '실용공개공보' 등이 있다. 특허정보의 조사는 인터넷을 통하여 간단히 할 수 있다. 한국특허정보원에서 제공하는 키프리스 특허정보넷(www.kipris.or.kr)을 이용하는 방법이 대표적이다.

(2) 선행기술조사의 목적

선행기술 조사는 연구기획(기술정보 조사), 신제품 개발(제품출시 전 조사), 특허등록(특허성 조사, 우선 심사용 조사), 해외출원(해외출원 전 조사), 침해 및 무효검토(침해 · 무효자료 조사) 등을 위해 수행한다. 선행기술 조사는 기술의 특허등록 가능성을 높이기 위해 수행한다. 발명하려는 기술 또는 발명한 기술과 동일 · 유사한 기술이 이미 등록되어 있다면 등록하지 못할 가능성이 크기 때문이다. 선행기술 조사는 연구개발 아이디어의 구체화를 위해 수행한다. 연구개발 아이디어를 구체적으로 실현하는 데 한계가 있으면 등록된 유사기술을 찾아 진행 중인 연구를 발전시킬 수도 있다. 선행기술 조사는 특허분쟁에 대비하기 위하여 수행한다. 분쟁에 대비하여 IBM · Microsoft · Intel · HP · Sony 등은 특허출원을 하지 않은 기술을 공개하는 전략을 사용하고 있다. 특허출원이 되지 않고 공개된 기술이더라도, 나중에 출원된 기술을 무효화하는 데 이용할 수 있기 때문이다.

(3) 선행기술 우회를 통한 특허획득 전략

목표기술이 이미 특허가 있다면 목표를 재설정하거나 포기하는 수밖에 없다. 일단 개발한 기술에 대한 기존 특허가 존재하는 한 신규성이 없으므로 특허를 등록하기 위해서는 기존특허와 목표기술이 차별성이 있고 그 효과가 다르며 통상의 지식을 가진 자가 쉽게 발명할 수 없는 진보된 기술이라는 것을 증명하는 전략이 필요하다. 기존특허를 우회하여 특허를 등록하기 위해서는 기존특허의 청구범위를 잘 살펴야 한다. 지나치게 권리범위를 확대하였거나 청구범위에서 빠뜨린 부분이 있다면 목표기술을 잘 설계하여 특허등록 가능성을 높일 수 있다.

3. 특허정보 활용

(1) 연구기획단계에서 특허정보 활용

연구기획단계에서는 연구과제 선택의 객관적 타당성을 확인하기 위한 자료로 특허정보를 활용할 수 있다. 즉, 관심 분야에 대한 특허정보를 조사함으로써 현재까지의 기술동향 및 권리동향을 파악하는 동시에, 이를 통해 한정된 기간 내에 가장 효과적인 연구개발이 이루어질 수 있는 미개척 대상 분야를 찾을 수 있다. 특허맵은 특허정보조사를 통해 기술개발 동향을 파악하고 선도기업과 유사 분야 연구자의 기술력을 평가하는 전체적인 특허분석결과를 뜻한다. 연구 개발 측면에서의 자사의 위치를 설정하는 연구개발 전략 수립수단으로 활용할 수 있다.

(2) 연구개발단계

연구개발단계에서는 연구기획단계에서 설정된 연구개발방향을 특허 문헌을 통해 최신 기술 동향을 확인한다. 명세서에 수록된 기존 기술의 문제점 및 최신 기술 내용을 주기적으로 확인함으로써 구체적인 연구 개발 수행 방안을 수립하는 동시에, 실제 연구 개발 수행 과정에서 나타나는 문제들을 해결하기 위한 아이디어를 얻을 수 있다.

(3) 연구개발 이후 단계

연구개발 이후 단계에서는 연구개발을 통해 확보한 기술에 대해, 이미 특허가 주어진 기술뿐만 아니라 출원 신청을 했지만 기각되거나 신청을 철회한 기술 등을 조사하여 특허를 성립시킬 수 있는지 확인한다. 불필요한 특허 비용을 절약할 수 있다.

(4) 기술의 특허권 보장 및 침해 여부

특허권과 관련하여, 특정 기술의 구현 및 행사 단계에서 자사가 사용하고 있는 기술에 대해 동일한 기술에 대한 특허권을 조사하여 다른 기업이 보유하고 있는 특허권을 침해하는지를 확인함으로써 법적인 리스크를 감소시킬 수 있다.

(5) 기술 가치 판정

기술 가치판정 측면에서, 기술 이전 혹은 라이선스 계약 등의 기술 관련 거래와 관련하여 그 기술이 해당 분야에서 어느 정도의 비중을 가지며 어떤 분야에 활용될 가능성이 있는지 등을 확인함으로써, 해당 거래가 적절한 것인지를 판정하기 위한 근거 자료로 특허 정보를 활용할 수 있다.

(6) 기술을 적용한 상품·서비스의 제공 및 판매

특허가 출원된 지역에서 해당 특허의 기술 내용을 사용하여 판매, 제공되는 제품·서비스에 대해서는 특허의 독점적 권리를 침해하는 것으로 간주되어 법적인 제약이 따르게 된다. 특허·상표·저작권을 침해했다고 판정될 경우 해당 상품의 수입을 규제할 수 있도록 한 미국 관세법 337조는 그 대표적인 사례다. 그러나 특허는 그 특허가 출원된 국가에서만 보호, 행사될 수 있는 권리이다. 특정 기술의 핵심 특허가 출원, 등록되지 않은 국가에서는 그 기술을 응용한 제품·서비스를 생산, 판매함에 있어서 제약을 받지 않게 된다. 유형의 특허 정보 활용은 특허정보가 기술 개발뿐만 아니라, 통상적인 상거래 행위에서도 반드시 고려하여야 한다.

II. 특허 만들기

1. 지식재산 권리화 필요성

기업체에서 연구개발과정 중 발생한 좋은 아이디어는 특허권을 받으면 사업상 유익한 점이 있다. 특허를 받으면, 독점권이 발생한다. 독점권이 있으면 특허권이 부여된 그 발명품을 생산하고, 판매하고, 대여하고, 수출입하는 모든 권리를 독점한다. 타인이 모방하는 경우에는 그에 대해서 민사적으로나 형사적으로 제재를 가할 수 있다. 특허권 또는 특허출원을 한 사실이 있으면, 이를 근거로 벤처기업지정신청을 할 수 있다. 은행이나 기술보증기금 등에서 사업에 필요한 자금을 신청할 수 있다.

2. 발명 특허 요건

(1) 발명의 정의

특허법에서 정하는 발명은 '자연법칙을 이용한 기술적 사상(思想)의 창작으로서 고도한 것'을 말한다. 기술의 개발이나 발명이 완성되었다 하여 바로 특허등록이 되는 것은 아니다. 특허를 받을 수 있는 요건을 충족하고 특허청의 심사를 통해 등록해야 권리로서 보호받을 수 있다. 특허로 인정받기 위한 요건은 다음과 같다. 산업상 이용 가능성, 신규성, 진보성이 있어야 한다.

한국에서 인공지능(AI)이 특허권자가 될 수 있는지에 대한 논의는 활발히 진행 중이다. 현행 특허법은 '자연인'을 발명자로 인정하고 있어, AI 단독으로 발명자가 될 수 없다. 이에 따라 AI가 창출한 발명은 그 개발자나 사용자 등 인간이 발명자로 기재되어야 한다.

(2) 산업상 이용 가능성

산업상 이용 가능성이 있어야 한다. 특허법은 산업발전에 이바지함을 목적으로 하므로 산업상 이용 가능성이 없으면 특허가 될 수 없다. 산업상 이용 가능성에는 당장 산업상 이용되고 있는 것뿐만 아니라 장래에 이용 가능한 것도 포함한다.

의료행위의 경우 일반적으로 인간을 수술 · 치료 · 진단하는 방법에 이용할 수 있는 발명은 산업상 이용 가능성이 없는 것으로 보지만, 그것이 인간 이외의 동물에만 한정한다는 사실이 청구범위에 명시되어 있으면 산업상 이용할 수 있는 발명으로 취급한다. 예를 들어 치료방법은 특허가 되지 않지만 치료 도구는 특허 가능하다. 또한 돼지 유전자 치료도 특허 가능하다.

업(業)으로 이용할 수 없는 발명은 산업상 이용 가능성이 없다. 개인적 또는 실험적·학술적으로만 이용할 수 있고 업으로서 이용될 가능성이 없는 발명은 산업상 이용할 수 있는 발명에 해당하지 않는다.

명백하게 실시할 수 없는 발명은 산업상 이용 가능성이 없다. 이론적으로는 발명을 실시할 수 있더라도 실시가 현실적으로 전혀 불가능하다는 사실이 명백한 발명은 산업상 이용할 수 있는 발명에 해당하지 않는 것으로 취급한다. 무한동력이나 무한에너지 전기 발전은 열역학 법칙이나 에너지 보존법칙에 위배되어 실현 불가능하다. 이에 따라 특허 등록이 어렵다.

(3) 신규성

신규성(새로운 것)이 있어야 한다. 특허권은 발명을 공개하는 대가로 권리를 부여하는 것이므로 이미 알려진 발명은 일반적으로 특허를 받을 수 없다. 특허출원 전에 ① 국내·외에서 공지되었거나, ② 국내·외에서 공연히 실시된 것, ③ 국내·외에서 반포된 간행물에 게재되었거나, ④ 국내·외에서 전기통신회선을 통하여 공중이 이용 가능한 발명은 신규성이 없다. 신규성은 국제주의를 취하고 있어 국내·외에서 일반인에게 알려졌으면 신규성을 인정받기 어렵다(특허법 제29조 제1항).

[예] 특허발명의 신규성 판단 방법- 대법원 2021. 12. 30. 선고 2017후1304 판결

특허발명에서 구성요소로 특정된 물건의 구성이나 속성이 선행발명에 명시적으로 개시되어 있지 않은 경우라도 선행발명에 개시된 물건이 특허발명과 동일한 구성이나 속성을 갖는다는 점이 인정된다면 특허발명이 해당 구성 또는 속성으로 인한 물질의 새로운 용도를 특허의 대상으로 한다는 등의 특별한 사정이 없는 한 신규성이 부정된다.

(4) 진보성

진보성이 있어야 한다. 특허법 제29조 제2항은, "특허출원 전에 그 발명이 속하는 기술분야에서 통상의 지식을 가진 자가 공지, 공용, 간행물게재, 전기통신회선으로 공중이 이용 가능하게 된 발명에 의하여 용이하게 발명할 수 있는 것"일 경우 특허를 받을 수 없다고 규정하여 진보성 요건을 명시하고 있다. 이는 미국 특허법상 비자명성(non-obviousness) 개념과 유사한 것으로, 특허출원 시점에서 선행기술에 비추어 통상의 기술자가 용이하게 발명할 수 있는가를 기준으로 판단한다. 즉 발명이 속하는 기술분야에서 통상의 지식을 가진 자가 청구항에 기재된 발명을 비교발명에 의하여 쉽게 발명할 수 있으면 그 발명은 진보성이 인정되지 않는다. 발명의 진보성은 신규성과는 구별되는 요건이며 보통 진보성 판단에 앞서 신규성 판단이 일어난다.

[예] 대법원 2016. 1. 14. 선고 2013후2873, 2013후2880(병합) 판결

제시된 선행문헌을 근거로 발명의 진보성이 부정되는지를 판단하기 위해서는 진보성 부정의 근거가 될 수 있는 일부 기재만이 아니라 선행문헌 전체에 의하여 발명이 속하는 기술분야에서 통상의 지식을 가진 사람('통상의 기술자')이 합리적으로 인식할 수 있는 사항을 기초로 대비 판단하여야 한다. 그리고 일부 기재 부분과 배치되거나 이를 불확실하게 하는 다른 선행문헌이 제시된 경우에는 그 내용까지도 종합적으로 고려하여 통상의 기술자가 발명을 용이하게 도출할 수 있는지를 판단하여야 한다.

특허법상 진보성 요건은 '해당 기술분야', '통상의 지식을 가진 자', '용이하게 발명할 수 있는 것' 등과 같이 모호한 의미가 있는 용어로 규정되어 있다. 판단하는 자의 주관이 개입될 가능성이 크고, 다른 특허성 요건과 달리 객관적인 기준을 마련하기 어려운 특성이 있다. 실무상으로는 진보성 요건의 판단 시 객관성을 유지하기 위해 기술적 사항에 기초하여 청구된 발명과 선행기술을 대비 판단하고 있다. 그러나 진보성 판단에 있어서 기술적 사항만을 고려할 경우, 출원일 이후 진보한 기술적 상황에 노출된 자가 선행기술을 파악하고 모든 것을 이해한 후 비로소 진보성을 판단하게 되는 사후적 고찰의 위험성이 높아진다는 문제가 있다. 또한, 발명의 실체를 파악하는 데 있어서 시장적 요소를 배제하고 기술적 사항만을 강조하다 보면, 당해 업계에서 새로운 개념으로 받아들여질 수 있는 발명이 선행기술로부터 진보성이 없다는 이유로 특허로 보호받지 못하는 결과를 낳을 수 있다. 따라서 진보성 판단에 있어서 비기술적 사항인 상업적 성공, 산업적 찬사 및 예상 밖의 결과, 모방, 산업적 회의론, 기술이전, 장기간 미해결된 요구 등에 대한 2차적 고려 요소를 반영하고자 하는 시도가 이어져 왔다.[1)]

1) 전용철, "2차적 고려요소를 반영한 진보성 판단에 관한 연구:

진보성 판단은 기술분야의 통상의 기술자를 기준으로 하며, 선행기술이 반드시 완전하게 구성요소를 명시하지 않더라도 기술상식이나 경험칙에 의해 파악 가능한 범위 내에서는 대비대상이 될 수 있다. 출원발명의 목적, 구성, 효과를 종합적으로 검토하여 진보성을 판단한다.

화학발명의 경우 구성의 곤란성보다는 작용효과의 현저성이 진보성 판단에 큰 의미를 가지며, 출발물질, 반응방법, 목적물질이 유사하더라도 목적물질의 효과가 현저하게 우수하면 진보성이 인정된다. 진보성 판단 시 사후적 고찰(hindsight)을 배제해야 한다. 이는 심사관이나 법관이 발명의 명세서를 기준으로 사후적으로 판단해서는 안 된다는 원칙이다.

선행기술이 하나인 경우에는 구성, 효과, 목적을 단순 비교해도 무방하나, 선행기술이 두 개 이상일 경우에는 구성요소 결합이 용이한지 여부를 별도로 검토해야 하며, 단순 비교로 진보성을 판단할 수 없다. 특히 컴퓨터 관련 발명의 경우 선행기술의 결합 가능성 여부가 더 중요하게 작용한다.

선행기술이 2건 이상일 경우, 이들 사이에 구성요소를 결합할 수 있는 동기나 암시가 있었는지를 보는 것이 진보성 판단의 핵심이다. 미국 연방특허항소법원은 선행기술의 결합에 있어 동기(motivation)나 암시(suggestion)가 필요하다는 TSM(test) 기준을 채택해왔으나, 미국 연방대법원은 KSR International Co. v. Teleflex Inc., 127 S.Ct. 1727 (2007) 사건에서 이 기준이 과도하게 엄격하게 적용되어 진보성 판단이 경직되었다고 보고, 보다 융통성 있는

TRANSOCEAN OFFSHORE DEEPWATER DRILLING, INC. vs MAERSK DRILLING USA, INC. 사건", 동아법학 62, 동아대학교 법학연구소, 2014. 2, 560면.

기준을 제시하였다. 이 사건 이후 시장수요 등 외적 요인도 결합 가능성의 근거로 삼아 진보성을 부정할 수 있다고 판시하였다.

결론적으로, 진보성 판단은 출원발명이 선행기술에 비추어 통상의 기술자가 용이하게 발명할 수 있었는지 여부를 출원 당시의 기술수준을 기준으로 종합적으로 고려하되, 선행기술의 결합 가능성, 동기나 암시 등을 아울러 판단해야 하며, 사후적 고찰을 피하고 객관적 기준을 충실히 따르는 것이 중요하다.

Ⅲ. 특허 취득절차

1. 특허 권리취득 절차

(1) 특허출원

특허출원이란 새로운 발명을 한 사람이 그 발명을 공개하는 대가로 독점권을 갖기 위해 특허를 허락해 달라고 국가(특허청)에 일정한 양식 및 절차에 따라 신청하는 행위를 말한다. 특허청은 이러한 신청을 받게 되면 절차와 양식이 맞게 되었는지를 보고 제대로 된 출원에 대하여 특허권을 허여하여야 할 일정한 요건을 갖추었는지를 심사하여 특허 여부를 결정하게 된다.

(2) 특허출원 방법

특허출원은 온라인과 오프라인(우편 · 방문)으로 출원할 수 있다. 온라인은 특허로 홈페이지(www.patent.go.kr)에서 특허고객번호를 부여받아 전자출원을 할 수 있으며, 오프라인은 우편이나 방문을 통해 서면출원을 할 수 있다. 서류제출의 효력발생 시기에 관하여 도달주의와 발신주의가 있으나, 특허법은 특허청에 도달한 때를 효력발생 시기로 보는 도달주의를 원칙으로 한다. 예외적으로 우편으로 제출하는 때에는 우편물의 발신일이 분명한 경우와 수령증으로 발신한 날이 증명될 경우 우체국에 제출한 때(발신한 때)를 효력발생 시기로 보는 발신주의를 취하고 있다. 일반출원(1발명 1출원)과 달리 분할출원과 변경출원을 하면 서류제출의 효력발생 기산일이 출원일로 소급된다.

① 분할출원

발명이 하나인지 둘 이상인지 판단하기 어려워 둘 이상의 발명을 하나의 특허출원으로 하면 1발명 1출원 원칙에 위배되기 때문에 일정 기간 내에 그 일부를 하나 이상의 특허출원으로 나누어 출원할 수 있는데 이를 분할출원이라고 한다.

② 변경출원

특허출원을 실용신안 출원으로 또는 실용신안 출원을 특허출원으로 변경할 수 있는데 이를 변경출원이라고 한다. 발명의 고도성만 차이가 있는 특허 출원(발명)과 실용신안 출원(고안)에 대하여 심사관의 판단에 따라 발명을 고안으로 보거나 고안을 발명으로 보는 경우에 단지 출원형식이 다름을 이유로 출원 거절하여 신규출원하도록 하는 것은 선출원의 이익을 누리지 못하게 하고 절차경제에 반한다.

(3) 특허출원 전 고려사항

기업 연구소는 많은 비용과 노력을 투입하여 개발한 기술을 특허로 등록·공개하여 보호할지 아니면 영업비밀로 보호할지 고민하게 된다. 특허로 보호하는 것과 영업비밀로 보호하는 것은 각각의 장단점이 있으므로 기술분야 및 산업의 특성, 업계의 동향에 맞게 선택한다.

영업비밀은 공공연히 알려져 있지 아니하고(비공지성) 독립된 경제적 가치를 가지는 것으로서(경제성), 합리적인 노력에 의하여 비밀로 유지된(비밀관리성) 생산방법 · 판매방법 그 밖에 영업활동에 유용한 기술상 또는 경영상의 정보를 말한다. 영업비밀은 비공지성 · 경제성 · 비밀관리성이 인정되면 특허로 보호받지 못하는 무형자산까지 폭넓게 보호받을 수 있으며 기간의 제한 없이 기술상 또는 경영상 정보를 보호할 수 있다는 장점이 있다. 특허권은 등록하여 독점 배타적으로 권리를 행사할 수 있고 침해자에 대해 민 · 형사적으로 강력한 구제수단을 확보할 수 있지만, 영업비밀은 영업비밀보호센터의 영업비밀 원본증명을 통해 영업비밀의 소유권리를 확보할 수 있다.

(4) 기술(특허) 공개의 효과

특허는 원칙적으로 출원일로부터 1년 6개월이 경과되면 공개되고 등록이 되면 즉시 공개되는데, 공개된 특허는 공지의 기술로 취급되며 연구자 및 출원인의 동일 여부와 무관하게 선행기술로 후속 특허의 심사에 활용될 수 있다. 특허는 출원 후 1년 6개월 뒤에 일반에 자동으로 공개되는 반면에 영업비밀은 비밀관리성을 유지하는 한 보호해야 할 기술상 또는 경영상 정보가 외부로 공개되지 않는다.

(5) 선원주의

세계에서 최초로 전화기를 발명한 사람은 알렉산더 그레이엄 벨이다. 알렉산더 그레이엄 벨은 1876년 2월 14일 세계 최초로 미국특허청에 전화장치를 특허출원하였다. 그런데 또 한 사람, 일라이셔 그레이 역시 벨과 같은 날 액체 송화기를 사용한 전화기 디자인에 대하여 특허출원을 하였다. 실제로 누가 발명을 하였는지 논란이 있지만, 벨과 그레이가 같은 날에 특허출원을 하였으면서도, 벨은 특허를 받아 전화기를 세계 최초로 발명한 발명가로서 기억된다. 이처럼 특허는 선출원주의에 따르면 먼저 출원을 한 사람이 특허를 얻게 된다. 특허권은 기술공개의 대가로 특허등록이 되면 특허출원 후 최대 20년이 되는 날까지 독점 배타적인 효력을 가진다. 세계 주요국이 선출원주의를 취하기 때문에 특허출원을 결정하였다면 최대한 빨리 출원하여 권리를 확보하는 것이 중요하다. 특허출원일이란 발명을 한 사람 또는 그 승계인이 국가에 대하여 특허라는 독점권을 받기 위해 특허출원이라는 의사표시를 한 날이다. 특허출원일은 발명의 신규성과 진보성을 판단하고, 심사청구, 우선권주장, 특허권의 존속기간 등의 기산일이 된다.

2. 연구 노트

(1) 필요성

연구노트는 ① 진정한 발명자를 증명하고 발명에 대한 기여도를 산정하는 수단이 되고, ② 연구윤리 문제가 발생하는 경우 연구절차를 증명하는 수단이 되며, ③ 연구결과의 기술이전을 위한 수단이 되고, ④ 개인 및 조직의 노하우(Know-how)를 전수 · 관리하는 수단이 된다. 선발명자에게 특허권을 주는 경우에는 발명 일자가 중요한데 연구노트는 이를 증명하는 데 필요하다. 연구결과를 영업비밀로 유지할 경우 연구노트의 작성과 관리가 더욱 중요하다.

(2) 내 용

① 연구 과정에서의 아이디어 · 실험경과 · 결과를 기재한다. 아이디어의 동기나 아이디어의 실행을 위한 연구계획, 선행기술의 조사 결과 등도 기재한다. 아이디어의 착상일은 연구노트에 기재된 날짜이다. 용어 · 표 · 그림의 번호는 일관성 있게 기재한다.

② 제3자가 연구내용을 이해하고 실행할 수 있도록 구체적으로 기술한다. 기술재현이 가능하도록 구체적으로 기록해야 하며, 단순한 연구일지나 Data의 저장소로 생각해서는 안 된다.

③ 실험 중 Data와 실험 후 고찰내용을 포함하여 연구진행 과정을 파악할 수 있게 해야 한다. 실험결과는 가능하면 부정적 기술은 피하는 것이 좋다. 부정적 기술은 앞으로 연구노트를 열람하는 제3자에게 실험방식이나 결과에 대한 선입견을 줄 수 있다

3. 논문과 특허의 관계

(1) 논문과 특허의 공개

논문과 특허출원은 제3자에게 연구자가 개발한 기술을 공개하는 측면에서는 동일하다. 다만, 논문은 공개를 통한 정보전달에 목적이 있지만 특허는 공개를 통한 정보전달과 함께 기술을 개발한 연구자에게 독점 배타적인 권리를 부여하는 목적이 공존한다는 차이가 있다. 연구를 하다 보면 특허출원 전 세미나 · 학회 등에서 부득이 논문을 발표해야 하는 경우가 발생하므로 신규성을 상실하지 않도록 공지 예외 주장 등의 사후 조치를 할 필요가 있다.

(2) 논문발표에 의한 기술공개

발명에 대한 신규성 판단은 특허출원 시를 기준으로 하므로

발명이 공지된 이후에 특허출원을 할 때에는 원칙적으로 발명은 신규성을 상실하게 된다. 논문발표를 통해 기술이 공개된 경우도 공지된 것으로 간주되므로 연구자로서 논문발표의 시점에 대해서 고민이 필요하다. 특허 심사에 활용되는 공지 기술의 지위를 고려하면 후속 기술들이 지속해서 개발될 가능성이 있는 경우에는 후속 기술들의 특허출원이 완료된 후 논문발표를 하는 것이 권리확보 측면에서 바람직하다. 논문이 공개되기 전에 미리 특허출원을 진행하는 것이 바람직하며, 동일기술에 관한 후속기술 개발을 진행하는 경우 최초 특허의 공개 예정일과 논문의 공개 예정일을 조사하고 특허출원 일정을 조율하여 연구자의 논문 및 특허로 후속 특허들이 거절되는 것을 예방할 필요가 있다.

(3) 논문과 공지 예외 제도

발명자가 불가피하게 특허출원보다 먼저 논문을 발표하거나 제3자가 발명자의 의사에 반하여 기술을 공개하는 경우 이 때문에 신규성이 상실되어 특허를 받을 수 없다면 산업발전에 이바지하고자 하는 목적의 특허제도가 오히려 출원인에게 불리하게 작용하게 된다. 이런 사례를 방지하고자 특허법은 발명자 보호를 위해 공지일로부터 일정 기간(12개월) 동안 특허출원 전 공지된 논문 등을 신규성 · 진보성 등의 특허요건 판단 시 선행문헌으로 보지 않는 공지 예외제도를 규정한다. 공지 예외제도는 출원 전 공지행위를 한 자와 출원인 간에 동일성이 유지되고 출원 전의 공지행위가 특허제도의 다른 목적달성에 이바지할 수 있는 등 특별한 사유가 있는 경우, 공지 이후에 출원된 일정 범위의 발명에 대하여는 신규성 및 진보성을 상실하지 아니한 것으로 인정해 주는 사후적 구제제도이다.

4. 출원서류의 제출

특허출원을 하려고 하는 경우, 소정의 사항을 기재한 「특허출원서」를 특허청에 제출하여야 한다. 특허출원서에는 요약서, 명세서, 도면(필요한 경우)이 첨부되어야 한다. 출원서류를 작성할 때에는 특허 출원서, 요약서, 명세서 순으로 작성한다. 그 발명이 속하는 기술분야에서 통상의 지식을 가진 자가 출원인이 제출한 출원서류에 기재된 내용을 보고 쉽게 실시할 수 있을 정도로 그 발명의 목적 · 구성 · 효과를 구체적으로 기재하여야 한다.

특허청구범위는 자신의 권리범위를 결정하는 역할을 한다. 따라서 발명자나 출원인이 직접 명세서를 작성할 경우 자신의 권리영역이 청구될 수 있도록 주의하여야 하며, 변리사에게 의뢰하여 명세서를 작성하는 경우 자신의 권리를 명확히 변리사에게 설명하고 그러한 사항이 특허청구범위에 제대로 반영되어 있는지를 중심으로 청구범위를 살펴보아야 한다. 소홀히 하는 경우 특허권은 있되 권리범위가 너무 작아 행사할 수 없는 특허권이 될 우려가 있다.

5. 특허의 심사절차

(1) 방식심사

방식심사는 출원서나 명세서 등의 출원서류가 특허법에서 정하고 있는 절차적, 형식적 요건을 갖추고 있는지를 심사하는 것을 말한다. 특허출원된 전부에 대하여 심사하는 것으로, 특허 허여 여부를 심사하는 '실체심사'와 구별된다. 전자출원의 경우 자동적으로 체크가 되기 때문에 수수료 미납 등 일부 예외를 제외하고는 출원 전에 문제가 있는지를 확인할 수 있다.

(2) 출원공개

원칙적으로 모든 특허출원은 별도의 신청이 없어도 출원일로부터 1년 6개월 후 「공개특허공보」에 공개된다. 출원공개 후부터 특허권의 설정등록까지의 기간 출원 공개된 발명을 업으로서 실시한 자에 대하여 미리 서면으로 경고함으로써, 특허권 설정등록 후 실시료 상당액의 지급을 청구할 수 있는 '보상금 청구권'이라는 권리가 출원인에게 부여된다.

(3) 조기공개제도

조기공개제도는 특허출원일로부터 1년 6개월이 경과하기 전이라도 출원인의 신청이 있으면 그 특허출원에 대하여 특허공보에 게재하고 그 출원을 공개하는 제도로 출원인의 신청에 따라 이루어진다. 출원일로부터 일반적인 공개 시점인 1년 6개월 사이에 제3자가 출원발명에 관한 기술을 모방할 경우 조기공개를 함으로써 모방실시자에게 경고장을 발송할 수 있고, 특허등록 후 이러한 실시자에 대해 보상금을 청구할 수 있다.

(4) 심사청구

심사는 출원일로부터 3년 이내에 「출원심사청구서」를 제출하고, 심사청구료를 냄으로써 개시된다. 심사청구 기간에 심사청구를 하지 않는 경우에는 출원은 취하 간주된다.

(5) 우선심사제도

우선심사제도란 출원인의 특허출원이 '출원공개 후 특허출원인이 아닌 자가 업으로서 특허 출원된 발명을 실시하고 있다고 인정되거나, 긴급처리가 필요하다고 인정되는 것으로서 대통령령으로 정하는 경우'에 해당되는 경우에는 우선하여 심사해 줄 것을 청구할 수 있다. 이 경우 '자기실시 또는 자기실시 준비중인 출원(즉, 사업중이거나 준비중인 출원)'에 대해서는 증빙자료를 제출하여야 한다.

(6) 실체심사

심사청구된 출원은 심사관에 의해 특허 허여 여부에 관한 실질적인 심사가 진행된다.

① 거절이유의 통지

실체심사단계에서 심사관이 심사한 결과, 거절이유에 해당한다는 심증을 얻는 경우에는 바로 거절 결정하지 않고, 그 취지를 출원인에게 통지하는 절차이다. 통지된 거절이유 대부분은 선행기술이 기재되어 있는 문헌이 인용참증으로 제시된 후 발명으로서 신규하지 않다든지(신규성 결여), 용이하게 발명할 수 있다든지(진보성 결여), 또는 명세서의 표현이 명료하지 않다든지(기재불비) 하는 이유이다.

② 의견서, 보정서의 제출

③ 심사관 면담

의견제출 통지서를 받은 경우 의견서나 보정서를 제출하기 전에, 직접 심사관과의 면담을 통해 거절이유에 대한 의견을 청취하고 자기가 출원한 발명에 대한 기술적인 설명이나 인용된 문헌과 기술적 대비에 대하여 의견을 말하고 심사관에게 직접 이해를 구해 의견서나 보정서에 반영시킬 수 있다.

(7) 최종처분

실체심사는 심사관의 결정에 따라 종료한다. 심사관에 의한 최종 처분은 특허를 허여하는 '특허결정'과 특허권이 부여되지 않는 '거절결정'의 2종류가 있다.

① 특허결정

심사관이 심사한 결과, 거절이유를 발견할 수 없었던 경우 또는 거절이유를 발견하였지만, 의견제출 통지에 대한 출원인의 의견서에 의하여 거절이유가 해소된 경우 심사관은 그 특허출원에 대하여 특허를 허여한다는 취지의 결정을 한다.

② 거절결정

심사관이 통지한 거절이유에 대하여 출원인이 의견서 또는 보정서를 제출하였지만, 거절이유를 극복하지 못한 것으로 판단되는 경우 심사관은 그 특허출원에 관하여 거절결정을 한다. 출원인은 거절결정에 대하여 차례로, 거절결정불복심판, 심결취소의 소 등을 제기할 수 있다. 거절결정불복심판을 청구하는 경우 보정을 통하여 다시 심사관의 심사를 받을 수 있는 경우도 있다(심사전치제도).

(8) 특허거절에 따른 일반적 대응

특허출원에 대한 심사관의 거절이유 통지를 받더라도 출원인은 의견서 제출, 보정 및 분할 · 변경 출원 등을 통해 특허를 받을 수 있다. 거절이유에 대한 의견서 제출을 할 수 있다. 의견서 제출만으로 거절이유가 해소된다면 바람직하지만, 실무적으로 의견서만으로 거절이유를 없애는 경우는 드물다. 출원에 대한 보정 방법으로 명세서나 도면 일부를 수정하거나 청구범위를 축소하는 보정서를 제출하여 거절이유를 없애는 것이 일반적인 방법이다. 분할 · 변경 출원 검토로 1발명 1출원 주의를 위반한 경우 분할 출원할 수 있는지나 실용신안으로 변경 출원할 수 있는지를 검토할 수 있다.

불복심판은 보정을 통한 재심사 청구와 관계없이 청구할 수 있다. 출원의 취하 · 포기를 할 수 있다. 취하는 특허출원이 처음부터 없었던 것으로 하는 소급효가 있으나, 포기는 취하서 제출 없이 거절이 확정되도록 두는 것이므로 선출원의 지위도 확정된 채로 계속 남아 있게 된다.

6. 해외출원

(1) 해외출원 방식

특허는 출원하여 권리를 취득한 국가에서만 보호되기 때문에 해외에서도 사업을 전개(수출)하고 있거나, 해외에 진출하고자 하는 기업은 진출국인 각국에서 특허출원을 하여 권리를 취득하여야 한다. 외국으로의 출원에는 외국의 특허청에 직접 출원하는 경우(외국출원)와 특허협력조약에 근거한 국제출원(PCT 출원)을 이용하는 경우의 두 가지 방법이 있다.

(2) 외국의 특허청에 직접 출원하는 경우

해당 국가별로 바로 특허출원을 하는 방식의 경우에는, 우리나라 특허출원일로부터 1년 이내에 각국에서 요구하는 서식과 절차에 맞게 특허출원을 해야 한다. 이 방식에 따르면 해당 국가에서 빨리 특허 여부의 결정을 받을 수 있다는 이점이 있지만, 특허의 등록 가능성을 알지 못하고 과연 그 나라에서 보호를 받아야 하는지를 충분히 검토하지 못한 채 출원하는 부담과 함께 현지 대리인의 선임과 번역 등에 드는 적지 않은 비용이 초기에 발생한다. 각국별로 특허를 출원한다. 이때, 명세서의 언어는 현지어가 원칙이다. 단, 한국어 명세서로 출원한 후에 해당 국가 언어로 기재된 명세서를 제출하여도 되는 국가도 있다. 한국에서 특허출원 후 12개월 이내라면 공업소유권의 국제 보호를 목적으로 한 파리조약에 근거하여 타 국가에 출원할 때에도 한국에서의 출원일이 적용된다(우선권 주장).

(3) 국제특허출원을 하는 방식

국제특허출원을 하는 방식의 경우에는, 사전에 국제조사기관으로부터 국제조사보고서를 받아서 특허 가능성의 여부를 판단할 수 있으며, 최초 출원일로부터 30~32개월의 기간이 경과하기 전에만 원하는 국가에 번역문 등을 제출하여 심사를 진행하면 되어 그만큼 신중한 검토와 출원비용을 조달할 수 있는 여유가 있다는 이점이 있다. 해당 국가에서의 심사가 다소 늦어진다는 단점이 있다. 특허협력조약(PCT: Patent Cooperation Treaty)에 가맹된 세계 120개 이상의 나라에 동시에 출원하는 효과가 있다. 한국 특허청에 국어 혹은 영어로 PCT 출원 전용서식을 사용하여 출원하면 된다. 단, 권리를 취득하는 데에는 우선일로부터 30개월 이내에 권리를 취득하고자 하는 나라에서 요구하는 언어로 번역문을 제출하고 소정의 수수료를 지급해야 한다.

(4) 특허출원국 결정

사업의 방향, 경쟁 업체를 고려하여 출원국을 결정한다. 글로벌 경제체제하에서 창출된 아이디어는 국내뿐만 아니라 외국에서도 특허출원이 행해지고 있다. 외국출원은 비용이 상당히 드는 절차로서 어느 나라에 출원할 것인가를 결정하는 것은 매우 중요하다.

(5) 시기별 해외출원 전략(우선일: 최초출원일)

① 우선일로부터 12개월 내: 우선권 인정, 해외출원 가능

② 우선일로부터 12개월에서 18개월 사이: 우선권 불인정, 해외출원 가능

③ 우선일로부터 18개월 이후: 해외출원 불가능(신규성 상실), 발명의 개량을 통한 별도 출원은 가능

④ 미국출원의 경우 간행물 기재 등의 발명 공지일부터 1년간 출원할 수 있는 유예기간(grace period)을 부여하므로(35 USC 102(b)), 우선일(예를 들면 대한민국 출원일)부터 2년 6개월이 경과하기 전이라면 출원하여 등록을 받을 수 있는 경우가 있다.

7. 실용신안 권리취득 절차

(1) 실용신안의 등록

실용신안등록절차 또한 특허등록절차와 유사하다. 과거 무심사제도를 채택한 바 있으나 2006년 이후 실체심사 관련 규정을 특허법과 일치시켜 산업재산권제도의 조화를 도모하고 있다. 실용신안의 경우 10년간 보호된다.

(2) 실용신안 출원

실용신안 출원을 위해서 기술서, 권리서 및 도면을 제출해야

한다. 기술서에는 상세한 설명을 기재하고 권리서에는 청구범위를 기재한다. 방식심사단계에서는 형식상 하자 여부를 판단한 후, 출원일부터 18개월 후 출원을 공개한다.

(3) 실용신안의 요건

실용신안 출원한 고안이 등록받기 위해서 선행기술과 동일하지 않을 것(신규성), 선행기술로부터 극히 용이하게 고안할 수 없을 것(진보성)이 있다.

Ⅳ. 특허청구범위의 작성

1. 명세서

(1) 명세서의 역할

명세서는 권리서, 권리해설서의 역할을 한다.

① 특허청구범위

일반 공중의 측면에서 볼 때 특허청구범위는 제3자로 하여금 출원발명의 기술적 내용과 범위를 명확히 특정하여 침해가 발생하지 않도록 유도하고, 나아가 특허분쟁 시 특허침해 여부를 명확하고 신속하게 판단할 수 있도록 하는 역할을 한다. 특허청구범위는 등록 전에는 권리요구서로서, 등록 후에는 권리서로서 역할을 한다. 특허청구범위는 발명을 명확하고 간결하게 기재하여야 하며, 보호받고자 하는 사항을 명확히 할 수 있도록 발명을 특정하는 데 필요하다고 인정되는 구조 · 방법 · 기능 · 물질 또는 이들의 결합

관계 등을 기재하여야 한다.

② 발명의 상세한 설명

발명의 상세한 설명은 특허청구범위의 기재가 발명의 상세한 설명으로 뒷받침될 것을 요구함으로써 특허청구범위를 뒷받침하는 권리해설서의 역할을 한다. 발명의 상세한 설명의 기재는 "그 발명이 속하는 기술분야에서 통상의 지식을 가진 사람이 그 발명을 쉽게 실시할 수 있도록 명확하고 상세하게 적을 것, 그 발명의 배경이 되는 기술을 적을 것"이라고 규정하여 새로운 기술사상인 발명의 내용을 제3자에게 공개하는 기술문헌으로서의 역할을 수행한다.

(2) 심사 · 심판대상의 특정

특허청 등에 대해 명세서는 심사 심판대상을 특정하는 역할을 한다. 심사관 · 심판관은 명세서에 기재된 발명을 대상으로 특허 여부를 심사 심판한다.

[예] 특허발명 자체의 기술적 범위를 특정할 수 없는 경우, 그 권리범위가 인정되는지 여부: 소극(대판 2000후235)

특허발명 특허청구범위의 기재나 발명의 상세한 설명, 기타 도면의 설명에 의하더라도 특허출원 당시 발명의 구성요건 일부가 추상적이거나 불분명하여 그 발명 자체의 기술적 범위를 특정할 수 없을 때에는 특허권자는 그 특허발명의 권리범위를 주장할 수 없고, 특허발명의 기술적 범위를 특정할 수 있는지는 당사자의 주장이 없더라도 법원이 직권으로 살펴 판단하여야 한다.

2. 발명의 기재방법

발명의 설명은 발명이 속하는 기술분야에서 통상의 지식을 가진 사람이 그 발명을 쉽게 실시할 수 있도록 명확하고 상세하게 기재하며, 발명의 배경이 되는 기술을 포함해야 한다.

3. 특허청구범위와 청구항의 기재방법

(1) 의 의

특허청구범위는 발명의 설명에서 기재한 발명 중 출원인이 스스로의 의사에 의하여 특허권으로 보호를 받고자 하는 사항을 선택하여 청구항 형태로 권리화한 것을 의미한다. 특허청구범위는 원칙적으로 각 청구항에 기재된 사항에 근거하여 정해진다. 청구항의 기재가 불명료하거나 기술용어의 의미 · 내용이 불명확한 경우에는 발명의 설명 또는 도면의 기재를 참작할 수 있다. 특허청구범위는 발명의 내용을 기초로 어떠한 한도와 형태의 독점적 권리를 주장(보장)할 것인가를 좌우한다. 특허청구범위는 발명의 내용을 추상적으로 설명하는 기능도 한다. 발명의 내용에 대한 자세한 설명은 '발명의 설명'이나 '도면'을 통해 이루어져야 한다.

특허청구범위는 특허명세서의 핵심이다. 특허의 보호범위는 청구범위에 기재된 사항에 의하여 정하여지기 때문이다. 특허청구범위는 범위가 넓을수록 등록 후에는 넓게 독점권을 행사할 수 있지만, 심사과정에서는 넓은 범위로 인해 선행기술이 검색되어 특허를 받지 못할 가능성이 커진다.

(2) 청구범위의 기재

특허청구범위는 발명의 설명으로 뒷받침되도록 작성되어야 한다. 뒷받침되었는지는 발명이 속하는 기술분야에서 통상의 지식을 가진 자로서 청구항에 기재된 발명과 대응되는 사항이 발명의 설명으로부터 이해될 수 있도록 기재되어야 한다. 청구범위에는 보호받으려는 사항을 적은 청구항을 하나 이상 작성해야 하며 그 청구항은 발명의 설명으로 뒷받침되고 발명이 간결하고 명확하게 적혀야 한다. 청구범위에는 보호받으려는 사항을 명확히 할 수 있도록 발명을 특정하는 데 필요하다고 인정되는 구조 · 방법 · 기능 · 물질 또는 이들의 결합관계 등을 적어야 한다.

기본적으로 특허는 글의 싸움이다. 글로써 명확하고, 상세하여야 한다. 번복될 수 없으며, 공정하게 해석되는 것이 원칙이다. 특허청구범위의 기재는 발명의 권리범위와 직접적인 관계이다. 최종적으로 등록 확정되면, 특허청구범위에 기재된 내용으로 특허의 권리범위가 설정되거나 주장된다.

(3) 청구항의 기재

특허권자가 특허로 보호받고자 하는 권리의 보호범위는 제3자에게 공개되기 때문에 청구항은 명확하고 간결하게 기재하여야 한다. 청구항은 발명의 설명 범위를 벗어나지 않도록 기재되어야 한다. 발명의 설명 기재를 벗어나도록 너무 넓게 기재하거나 발명의 설명에 기재되어 있지 않은 다른 실시 예와 관련된 사항을 기재하는 것은 거절이유가 된다. 청구항 기재가 불명확하거나 기재 내용이 간결하지 않은 발명에 대하여 특허권이 부여되면, 발명의 보호범위가 불명확하게 되므로 거절이유가 된다. 실무상 기재불비라는 표현으로 가장 많이 발생되는 거절이유 중 하나이다.

(4) 독립항과 종속항의 관계

특허청구범위를 이루는 청구항에는 독립항과 종속항이 있다. 독립항과 종속항의 구별은 각 청구항의 실질적인 내용에 기초하여 이루어진다. 독립항은 발명의 구성요소를 자족적으로 기재하고 있어 타 청구항을 인용하지 않는 청구항이다. 종속항은 특정한 독립항에 종속되어 그 독립항에 나타난 구성요소를 모두 그대로 원용하면서 이를 한정하거나 부가한 청구항이다. 독립항은 다른 청구항을 인용하지 않는 항으로 다른 청구항을 인용하더라도, 카테고리가 다른 항이다. 종속항은 다른 청구항을 인용하며, 다른 청구항의 구성을 한정하거나, 구성요소를 부가하거나, 구성을 구체화하는 항이다. 예를 들어 이하에서 청구항 1은 독립항이고 청구항 2와 청구항 3은 청구항 1의 종속항이다.

[예]

[청구항 1]

반도체 기판상에 형성된 제1 절연층;

상기 제1 절연층 상에 균일 두께로 형성된 제1 도전층;

상기 제1 도전층 상에 형성된 제2 절연층;

상기 제2 절연층 상에 형성된 제2 도전층; 및

상기 제2 도전층 내에 형성된 채널영역을 포함하는 것을 특징으로 하는 반도체 장치.

[청구항 2]

제1항에 있어서, 상기 제1 도전층과 제2 도전층은 서로 교차하게 형성되는 것을 특징으로 하는 반도체 장치.

[청구항 3]

제1항의 반도체 장치를 이용한 컴퓨터 시스템.

Ⅴ. 직무발명

1. 직무발명의 이해

(1) 직무발명 개념

직무발명은 종업원·법인의 임원 또는 공무원("종업원 등")이 그 직무에 관하여 발명한 것이 성질상 사용자·법인 또는 국가나 지방자치단체("사용자 등")의 업무 범위에 속하고 그 발명을 하게 된 행위가 종업원 등의 현재 또는 과거의 직무에 속하는 발명을 말한다. 현대에는 개인의 발명보다 기업 등에서 이루어지는 직무발명이 많다. 직무발명은 혁신적 발명이 산업발전과 국가경쟁력에 영향을 미친다는 점에서 사용자·법인과 종업원 등의 이해관계만 있는 제도가 아니라 국가 차원에서 관리·조정해야 할 제도이다.

(2) 직무발명의 판단 기준

직무발명은 발명 장려와 효율적인 권리화·사업화 및 산업기술력 향상을 목적으로 발명진흥법에서 정하고 있다. 직무발명이 성립되기 위해서는 ① 발명이 성질상 사용자의 업무(영업)범위에 속하고, ② 발명을 하게 된 행위가 종업원 등의 현재 또는 과거의 직무에 속하여야 한다. 특히 발명하게 된 행위가 종업원의 현재 또는 과거의 직무에 속할 것(직무 관련성)이란 요건을 충족하는지를 판단하는 것이 중요하다.

직무 관련성 요건과 관련하여서, 직무발명인지 여부의 구체적 및 개별적 판단을 위하여 사용자와 근로자 사이의 계약, 근무 규정 및 기타 약정에 해당하는 지식재산권 관리에 관한 규정을 주의 깊게 살펴볼 필요가 있다.

(3) 직무발명의 소유권

직무발명은 원시적으로 발명자인 종업원에게 귀속한다. 그러나 현실적으로는 미리 사용자에게 특허 등을 받을 수 있는 권리를 승계시키거나 통상실시권을 설정하도록 하는 계약이나 근무규정을 통해 사용자에게 귀속되도록 하고 있다. 종업원이 직무발명을 완성한 경우에는 바로 그 사실을 사용자에게 문서로 알려야 하며, 통지를 받은 사용자(국가나 지방자치단체는 제외한다)는 대통령령으로 정하는 기간에 그 발명에 대한 권리의 승계 여부를 종업원에게 문서로 알려야 한다. 사용자가 그 발명에 대한 권리의 승계 의사를 알린 때에는 그때부터 그 발명에 대한 권리는 사용자에게 승계된 것으로 보며, 사용자가 정해진 기간에 승계 여부를 알리지 아니한 경우에는 사용자는 그 발명에 대한 권리의 승계를 포기한 것으로 본다.

(4) 종업원이 개발완료 전에 퇴직하고 그 후 완료한 경우

종업원이 개발이 완료되기 전에 회사를 퇴사하고, 회사를 나가서 그 개발을 완료한 다음 이를 직접 사업화하여 본래 근무하던 회사와 경쟁기업이 되는 사례이다. 원칙적으로 퇴직 후의 발명은 자유발명으로 보아야 할 것이나, 발명의 완성 당시에 종업원이었던 자가 직무에 속하는 발명을 완성하였음에도 불구하고 퇴직 후 출원하는 경우는 직무발명으로 보아야 한다. 발명의 완성 직전 퇴직한 경우라면 재직기간이 비교적 길고 그 기간에 체득한 지식과 경험이 발명의 완성에 커다란 역할을 한 경우 등과 같이 특별한 사정이 있는 경우에는 개인(자유)발명이 아니라 직무발명으로 인정될 수 있다. 퇴직한 종업원의 발명이 직무발명인지 여부에 관한 입증의 책임은 사용자가 부담한다.

2. 직무발명 보상

(1) 발명(제안)보상

발명보상은 종업원 등이 고안한 발명을 특허청에 출원하기 전에 받는 보상으로 출원 여부와 관계없이 종업원 등의 아이디어와 발명적 노력에 대한 일종의 장려금적 성질을 가진 보상이다.

(2) 출원보상

출원보상은 종업원이 한 발명을 사용자가 특허받을 수 있는 권리를 승계하여 특허청에 출원함으로써 발생하는 보상으로 미확정 권리에 대한 대가이기 때문에 장려금적 성질을 가진다.

(3) 등록보상

사용자 등이 승계받은 발명이 등록되었을 때 지급하는 보상이다.

(4) 실시(실적)보상

사용자가 출원 중인 발명 또는 특허등록된 발명을 실시하여 이익을 얻었을 경우 지급하는 보상금으로 사용자가 얻은 이익의 액에 따라 차등 지급된다.

(5) 처분보상

사용자가 종업원의 직무발명에 대하여 특허받을 수 있는 권리나 특허권을 타인에게 양도하거나 실시 허여하였을 때 지급하는 보상이다.

(6) 출원유보보상

직무발명을 영업비밀 내지 노하우로 취급하는 경우 출원하지 않고 지급하는 보상으로, 이 경우 보상액을 결정할 때에는 그 발명이 산업재산권으로 보호되었더라면 종업원 등이 받을 수 있었던 경제적 이익을 고려하여야 한다.

(7) 기타 보상

출원발명의 심사청구 시에 보상하는 '심사청구보상', 자사의 업종과 관련 있는 타인의 출원발명에 대하여 이의신청 또는 심판에 참여하여 무효로 하였을 경우 또는 자사의 특허에 대한 침해 적발 시 지급하는 '방어보상' 등이 있다.

(8) 보상 금액의 산정

직무발명보상금 특히 실시보상금에 대한 산정은 용이하지 않으며, 실시보상금 산정의 예시가 되는 판례를 정리하여 보면 직무발명보상금의 구체적인 액수는 원칙적으로 ① 그 직무발명에 의해 사용자가 얻을 이익의 액(사용자의 이익액), ② 발명에 대한 사용자 및 종업원의 공헌도(발명자보상률), ③ 공동발명자가 있을 경우 그 중 발명자 개인의 기여도(발명자 기여율) 등의 요소를 종합적으로 고려하여 산정하여야 한다고 판시하고 있다.[2)]

2) 임세혁, "직무발명에 대한 검토", 오토저널 39(4), 한국자동차공학회, 2017.4, 47면.

VI. 영업비밀 제도

1. 영업비밀의 정의

(1) 의 의

영업비밀은 노하우(Know-how), 재산적 정보(Propriety Information), 미공개정보(Undisclosed Information), 산업기밀 또는 기업비밀과 같은 다양한 용어와 관련된다. 영업비밀 침해행위가 발생한 경우 특허권 침해와 유사하게 침해에 대한 금지청구 · 손해배상청구 · 부당이득반환청구 · 신용회복청구 등을 통해 민사적 구제를 받을 수 있으며 영업비밀 누설죄 등을 통해 형사적 구제를 받을 수 있다.

(2) 영업비밀의 유형

신기술(신소재, 신물질, 신제품) 등에 대한 연구개발 자료, 연구노트, 특허출원 전 아이디어 자료나 제안서, 직무발명신고서, 설계도면, 제조기술, 공정기술, 노하우 등 기술 관련 자료, 거래실적, 단가 등 재무 관련 자료, 투자계획, 개발계획 등 미래 정책 자료 등이다.

[예] 판례 [대법원 1999. 3. 12. 선고, 98도4704 판결]

영업비밀이라 함은 일반적으로 알려져 있지 아니하고 독립된 경제적 가치를 가지며, 상당한 노력에 의하여 비밀로 유지 · 관리되는 생산방법, 판매방법 기타 영업활동에 유용한 기술상 또는 경영상의 정보를 말하고, 영업비밀 보유자가 직원들에게 비밀유지 의무를 부과하는 등 기술정보를 엄격하게 관리하는 이상, 역설계가 가능하고 그에 의하여 기술정보의 획득이 가능하다 하더라도, 그러한 사정만으로 그 기술정보를 영업비밀로 보는 데에 지장이 있다고 볼 수 없다.

2. 기술유출 방지

기술유출을 방지하기 위하여 어떠한 대비가 필요할까? 먼저, 기업의 정보를 효과적으로 관리하고 보호할 수 있는 명문화된 보안관리 규정을 마련하여 시행해야 한다.

인적 보안관리를 위해서, 전 직원을 대상으로 보안서약서를 작성하게 하고 보안교육을 강화해야 하며, 경력직원의 채용 시에는 전 직장에서의 비밀유지서약이나 경쟁업체 취업금지서약의 내용을 파악하여 불필요한 분쟁을 예방할 필요가 있다. 직원이 퇴사하는 경우에도 개인 PC나 업무 관련 자료를 반납하게 하고 정보반납서약이나 경쟁업체 취업금지서약 등을 체결하는 것이 바람직하다.

외부 보안관리를 위해서는, 협력업체와 공동으로 업무수행 시 업체 간에는 물론 실무자와도 반드시 비밀유지계약을 체결해야 한다. 특히 제품소개나 구매상담, 공장견학 등에 있어서 장소와 기술자료와 홍보 팸플릿 등에 대한 사전 보안성 검토가 필요하다. 또한 컨설턴트나 변호사, 변리사 등 외부 자문인력에 대해서도 가능하다면 비밀유지계약을 체결해 두는 것이 필요하다.

이처럼 기업으로서는 기술유출을 방지하는 것이 중요하지만, 이미 기술유출이 발생한 경우에는 민사 및 형사적인 구제를 받을 수 있다.

먼저 기술유출의 피해를 본 기업은 「부정경쟁방지 및 영업비밀보호에 관한 법률」에 규정된 침해행위에 대한 침해금지 및 예방청구권, 침해행위를 조성한 물건의 폐기 및 설비제거 청구권, 손해배상청구권 및 신용회복청구권을 통해 민사적으로 구제를 받을 수 있다.

또한 기술유출을 한 주체에 대하여는 「산업기술의 유출방지 및 보호에 관한 법률」이나 「정보통신망 이용촉진 및 정보보호 등에 관한 법률」과 「통신비밀보호법」에 의한 처벌은 물론, 비밀누설죄나 업무상 비밀누설죄, 업무상 배임죄 등에 의해서 형사적인 처벌을 구할 수 있다. 주로 기술 유출의 경우는 외부인의 침입이 아니라 내부 인력 스카우트에 의한다는 안타까운 현실은 규제하는 것만이 능사가 아니다. 선량한 연구자가 피해를 보지 않도록 배려하는 것과 동시에 인센티브를 줄 수 있는 보상시스템이 필요하다. 실질적 공헌에 따른 정당한 보상이 되도록 하여야 한다.[3)]

---

3) 정연덕, "직무발명 관련 과학기술연구자의 권리 보호: 산업기술의 유출방지 및 보호에 관한 법률과 부정경쟁방지 및 영업비밀 보호에 관한 법률을 중심으로", 노동법연구 23, 서울대학교 노동법연구회, 2007.9, 306면.

CHAPTER 3

특허 보호

Ⅰ. 특허 보호

1. 지식재산 보호의 필요성

(1) 보　호

지식재산의 창출 및 권리화를 통해서 취득한 지식재산권은 기업의 무형자산으로서 인식되고, 이는 기업 자산의 일부분이다. 지식재산권을 타사(주로 경쟁사)에서 침해하는 경우는 기업의 경영에 큰 영향을 미친다. 즉, 침해 대응을 위해 큰 비용과 시간이 소요되고 사업을 중단해야 되는 등 경영 전반에 제약이 따르게 된다.

특허와 실용신안, 디자인, 상표는 이를 실시 또는 사용할 아무런 권한이 없는 사람이 권리자로부터 허락도 받지 않고 무단으로 등록된 권리와 동일하거나 실질적으로 동일한 내용을 업으로써 자신의 사업에 사용하면 침해가 성립한다.

사법적 분쟁해결 절차로서 대표적인 것은 형사고소와 침해소송, 가처분, 가압류와 같은 보전소송이 있다. 권리자는 심판과는 별도로 이들 절차를 동시에 진행하거나 선택적으로 진행할 수 있다.

먼저, 특허 등의 권리자는 고의적인 침해자에 대하여 형사고소를 하여 침해죄를 물을 수 있다. 권리자는 침해자에 대하여 침해행위의 금지나 손해배상, 부당이득의 반환 등을 청구할 수 있다. 이를 침해소송이라 한다. 특허와 같은 지식재산권을 둘러싼 분쟁은 대부분 침해소송에서 이루어진다. 침해주장이 맞는지를 판단한 후 침해라고 판단하는 경우에 손해배상의 범위를 판단하게 된다. 손해배상은 권리자가 침해행위 때문에 입은 피해액을 말하며, 이외에도 침해자가 얻은 이익이나 통상 권리자가 받을 수 있었던 기술사용료는 물론 침해자가 판매한 수량에 단위 수량당 이익을 곱한 금액을 손해액으로 추정한다. 권리자는 입증이 용이한 방법으로 손해를 배상받을 수 있다.

다만 침해가 성립하는지에 대한 판단에 있어서 다소 차이가 있다. 특허와 실용신안의 경우는 청구범위에 기재된 발명의 목적과 구성, 효과의 3가지 측면에서 제품과 대비하며, 청구범위에 기재된 각 구성요소가 제품에 반영되어 있는지가 침해판단의 핵심이다. 청구범위를 보지 않고 상세한 설명이나 도면만을 보고 침해를 주장할 수가 있는데 이는 잘못된 것이다. 특허와 실용신안의 청구범위는 모두 복수의 구성요소로 이루어져 있는데, 만일 이들 모두가 제품에 그대로 반영되어 있다면 침해가 성립되나, 그렇지 않고 제품에 구성요소 중 어느 하나라도 반영되어 있지 않다면 원칙적으로 비침해이다.

실제 사례에서 청구범위의 모든 구성요소를 그대로 제품에 반영한 경우보다는 일부 구성요소에서 차이가 있는 경우가 많은데, 만일 일부 구성요소가 다르기는 하나 서로 동일한 목적이나 기능, 효과가 있으며 치환이 용이한 경우에는 이들 구성요소는 서로 균등한 관계에 있다고 하여 침해로 인정되는 때도 있다.

(2) 청구범위의 확정 필요성

중소기업은 자사의 기술이 어느 정도의 범위로 보호를 받을 수 있는지에 대하여 잘 모른다. 특허출원 시 자사 기술을 충분히 보호할 수 있도록 청구범위 등이 제대로 작성되었는지에 대하여 무관심하다. 특허등록을 받으면 마치 모든 관련 기술에 대하여 독점 배타권을 행사할 수 있을 만큼 넓게 보호를 받을 것처럼 착각하여 경쟁 제품에 대하여 무분별하게 경고장을 남발하거나 소송을 제기하여 큰 낭패를 보거나, 아니면 나중에 특허등록된 자신의 권리범위가 좁아서 경쟁 제품을 법적으로 제재할 수 없다는 것을 깨닫게 되는 순간 특허제도의 무용론을 말한다. 특허를 몇 건 가지고 있느냐보다는 얼마나 강한 특허를 가지고 있느냐에 관심이 있어야 한다.

2. 공동발명의 경우

(1) 공동발명의 의의

발명에 대한 권리는 원칙적으로 발명자에게 귀속되기 때문에 2인 이상이 공동으로 발명한 때에는 특허받을 수 있는 권리도 공유된다. 공동발명은 2인 이상이 실질적으로 협력하여 하나의 발명을 완성한 경우에 해당한다. 협력의 내용이 '단순한 협력'인가 '실질적인 협력'인가의 여부는 구체적인 출원 · 심판 · 소송 등의 과정에서 판단될 것이나 일반적으로는 단순한 착상의 제공자 · 단순보조자 · 후원자 등은 공동발명자라 할 수 없다.

[예] 대법원 2011.7.28. 선고 2009다75178 판결(공동발명자 여부)

공동발명자가 되기 위해서는 발명의 완성을 위하여 실질적으로 상호 협력하는 관계가 있어야 하므로(대법원 2001.11.27. 99후468), 단순히 발명에 대한 기본적인 과제와 아이디어만을 제공하였거나, 연구자를 일반적으로 관리하였거나, 연구자의 지시로 데이터의 정리와 실험만을 하였거나 자금 · 설비 등을 제공하여 발명의 완성을 후원 · 위탁하였을 뿐인 정도 등에 그치지 않고, 발명의 기술적 과제를 해결하기 위한 구체적인 착상을 새롭게 제시 · 부가 · 보완한 자, 실험 등을 통하여 새로운 착상을 구체화한 자, 발명의 목적 및 효과를 달성하기 위한 구체적인 수단과 방법의 제공 또는 구체적인 조언 · 지도를 통하여 발명을 가능하게 한 자 등과 같이 기술적 사상의 창작행위에 실질적으로 이바지하기에 이르러야 공동발명자에 해당한다.

(2) 공동출원의 의의

특허를 받을 수 있는 권리를 2인 이상이 동시에 가지고 있는 경우에는 공유자 모두가 공동으로 특허출원을 하여야 한다. 공동발명자가 각각 다른 연구기관의 종업원이면 각 연구기관이 출원인이 되어 공동으로 특허출원을 진행해야 하는데 공동발명임에도 단독 특허출원을 하면 특허등록 전에는 거절이유에 해당하고 특허등록 후에는 무효사유에 해당한다. 즉, 공동출원에 위반하여 특허출원이 된 경우 거절이유가 되며 특허가 허여된 경우에는 무효사유가 된다. 특허를 받을 수 있는 권리의 공유자가 그 공유인 권리에 관하여 심판을 청구하는 때에는 공유자 전원이 공동으로 청구하여야 하며, 특허출원의 포기 · 취하 등 중요한 절차에서도 전원 참가가 필요하다. 그 외 절차에서는 각자가 전원을 대표한다.

(3) 공동발명의 실시

각 공유자는 먼저 계약을 통해 공동발명과 관련된 실시방법을 결정할 수 있다. 계약에 특별히 정한 경우가 아니라면 각 공유자는 다른 공유자의 동의를 얻지 아니하고 그 특허발명을 자신이 실시할 수 있다. 다만 실시권계약 체결을 위해서는 다른 공유자 전원의 동의가 필요하다.

(4) 공동발명의 지분과 수익 배분

특허권이 공유인 경우에는 각 공유자는 다른 공유자 전원의 동의를 얻지 아니하면 제3자에게 그 지분을 양도할 수 없다. 공동발명 관련 특허를 받을 수 있는 권리의 지분 비율에 대해서는 특허법상 아무런 규정이 없고 일반적으로 공동발명자 사이의 특별계약 또는 발명을 위해 이바지한 정도를 고려하여 정한다. 어떤 아이디어를 가지고 스스로 발명을 완성하기 쉽지 않아 제3자와 협력하는 경우에는 사전에 앞으로 발생할 수 있는 권리 · 소유관계 계약을 통해 명확히 해 두는 것이 필요하다. 당사자 사이 별도의 합의가 있으면 그 합의에 따르므로 공동 특허출원을 할 경우에 관리주체 · 지분비율 등을 협의하여 계약서를 작성할 필요가 있다.

대학 및 연구소와의 공동연구를 촉진하기 위해서 자체적인 실시역량이 부족한 선의의 공유 특허권자를 보호하기 위한 제도적 보완이 필요하다. 사전에 당사자 간 계약에 위임할 수 있으나 완성된 기술이 제품화까지 걸리는 기간의 소요와 기술수명 주기 및 파급력에 따른 기술의 특성상 사전계약에서 합의 사항에 담을 수 있는 것은 한정적이다. 대부분의 분쟁은 특허권의 실시 이후에 사후적으로 발생하는 점을 고려하여 사후 조정을 위한 제도적 장치가 필요하다.[1)]

1) 이천무 · 전수범 · 윤종민, "공동연구에 따른 특허권 공유의 법률관계와 주요쟁점", 한국기술혁신학회 학술대회, 한국기술혁신학회, 2014.5, 155면.

3. 특허권의 변동 및 소멸

(1) 특허권의 변동

① 이 전

특허권은 양도할 수 있다. 지분의 일부 또는 전부 양도가 가능하나, 특허권의 이전은 상속 기타 일반승계를 제외하고는 등록하지 않으면 효력이 발생하지 않는다.

② 실시권 및 질권 설정

특허권자는 전용실시권 및 통상실시권을 설정할 수 있다. 특허권자는 특허권을 담보로 질권을 설정할 수 있다.

③ 특허권의 포기

특허권자는 전용실시권자 · 허락에 의한 통상실시권자, 질권자 또는 직무발명에 관한 통상실시권자의 동의를 얻지 않으면 특허권을 포기할 수 없다. 특허권의 포기는 특허권 전체의 포기 및 2 이상의 청구항이 있는 경우 각 청구항별로 포기 가능하다. 특허권의 포기는 등록을 하지 아니하면 효과가 발생하지 않는다.

(2) 특허권의 소멸

① 존속기간의 만료

특허권은 설정등록이 있는 날로부터 출원일 후 20년 경과 후 존속기간이 만료하고, 존속기간이 만료되면 특허권은 소멸된다.

② 특허료의 불납

4년차 분부터의 특허료를 납부하지 않은 경우 납부기간이 경과한 때에 소급하여 특허권은 소멸한다.

③ 상속인의 부존재

특허권자의 사망과 같이 상속이 개시된 때 상속인이 없는 경우 특허권은 소멸한다.

④ 특허권의 포기

특허권이 포기된 경우 그 포기가 등록되면 특허권은 그때로부터 소멸한다.

4. 특허권 침해 유형

(1) 구성요소 완비의 원칙

특허청구범위는 복수의 기술 구성요소로 이루어져 있고 발명은 모든 구성요소가 유기적 일체로 이루어진 것이다. 특허의 침해는 침해자가 특허청구범위의 모든 구성요소를 실시하는 경우에만 성립하고, 그중 일부만을 실시하는 행위는 원칙적으로 침해를 구성하지 않는다(All Elements Rule). 다만 복수의 주체가 구성요소 가운데 일부를 수행함으로써 공동침해자로 결과 전체에 책임을 지거나 간접침해가 성립하는 때도 있는데, 이는 구성요소 완비의 원칙에 대한 예외사유가 된다. 특허침해 유형은 문언침해, 균등침해, 이용침해, 선택침해, 생략침해, 불완전 이용침해, 간접침해로 구분할 수 있다.

(2) 문언침해

특허청구범위의 문언 해석으로 특정된 특허발명의 구성요소를 모두 그대로 사용하는 것을 말한다. 따라서 복수의 구성요소로 이루어진 특허청구범위에 대하여는 그 구성요소 전부를 그대로 이용하고 있어야 문언침해에 해당하고 그중 하나라도 결여하고 있는 실시형태는 적어도 문언침해에는 해당하지 않는다.

(3) 균등침해

침해기술의 구성요소 일부가 특허발명에 대응되는 구성요소와 문언상으로는 동일하지 않더라도 서로 등가관계에 있는 것을 말한다. 균등침해는 ① 양 발명에서 과제의 해결원리가 동일하고, ② 침해발명 구성요소의 치환에도 달성하려는 목적과 효과가 동일하며, ③ 그러한 치환이 그 발명이 속하는 기술분야에서 통상의 기술자가 용이하게 생각할 수 있을 정도로 자명한 경우, ④ 통상의 기술자가 공지된 기술과 동일한 기술 또는 공지기술로부터 용이하게 발명할 수 있었던 기술에 해당하거나, ⑤ 치환된 구성이 당해 특허발명의 특허청구범위에서 의식적으로 제외된 것이라는 등의 사정이 없는 한 실질적으로 동일한 것으로 보아 성립한다.

우리나라 대법원 판결을 검토하면 우리나라의 '과제해결원리의 동일성' 요건과 일본의 '비본질적 부분' 요건은 문언만 다를 뿐 실질적으로 동일한 요건이라고 할 수 있다.[2)]

(4) 이용침해

제3자가 자신의 발명을 실시하는 과정에서 타인의 특허권을 침해하는 것을 말한다. 예를 들면 구성요소를 부가한 경우(A+B로

2) 김병필, "균등침해 요건 중 '과제해결원리의 동일성'요건에 대한 고찰: 일본의 '비본질적 부분' 요건과의 대비를 중심으로", 지식재산연구 8(1), 한국지식재산연구원, 2013.3, 34면 .

이루어진 특허 발명에 C라는 구성요소를 부가하여 A+B+C라는 발명을 실시)나 자기의 발명을 실시하는 데 불가피한 경우(선행특허발명의 구성요소 자체를 그대로 포함하지는 않지만, 자기발명의 실시과정에서 선행특허 발명의 실시가 수반되는 경우)이다.

(5) 선택침해

선행 특허발명의 특허청구범위가 상위개념으로 구성되어 있을 경우 개념상 그 특허청구범위에 속하는 하위개념을 택하여 실시하는 것이다.

(6) 생략침해

등록발명의 특허청구범위에 기재된 구성요소 가운데 비교적 중요성이 낮은 일부 구성요소를 생략하여 실시함으로써 등록발명의 작용 효과보다 열악하거나 동일한 효과를 얻는 것이다.

(7) 불완전 이용침해

생략발명에 새로운 구성요소를 추가하여 실시하는 것이다.

(8) 간접침해

복수의 구성요소로 이루어진 결합발명에서 그 일부 구성요소만을 제조 · 판매하는 것은 원칙상 특허침해가 아니지만, 그 일부의 요소가 당해 특허발명 실시에만 사용될 뿐 다른 용도가 존재하지 않는 경우 이를 간접침해로 규정하여 보호하고 있다.

Ⅱ. 타사의 특허침해 시 대응

1. 일반적 대응방안

(1) 증거 수집

경쟁사나 제3자가 자사의 지식재산권을 침해한다고 의심되는 경우에는 실시품(침해가 의심되는 물건, 방법, 상표, 디자인 등)을 분해, 분석하고 자사 특허와의 관계를 조사하여 침해 증거를 잡는 것이 선행되어야 한다. 증거를 잡은 후에는 경고장에 의해 제조나 판매 등을 중지하도록 요구한다. 경고장을 보냈음에도 계속 침해품을 제조나 판매하는 경우에는 소송을 제기할 필요가 있다. 이하에서는 타사의 권리침해가 의심될 경우 그 구체적 대응을 위한 절차를 소개하기로 한다.

(2) 침해사실을 발견

침해사실의 발견은 자사의 영업부가 거래시장에서 타사의 침해품을 발견하게 되거나, 제3자로부터의 문의나 통지를 통한 지적, 원권리자(라이선서)로부터의 지적 등을 통해서 이루어진다.

(3) 침해의 증거수집과 침해자 조사

침해 사실이 발견된 경우, 먼저 침해행위를 뒷받침할 수 있는 증거자료(침해품, 카탈로그, 기술자료)를 수집한 다음에, 침해자에 대한 조사(침해품의 생산, 판매량, 판매망, 실시개시의 시기, 생산방법 등의 실시상황과 회사규모, 자금력, 기술력, 영업력, 자사와의 이해관계, 대리인 등 기업력의 조사)를 한다.

(4) 침해사실 확인

수집한 증거조사로 특정된 대상물(방법)을 자사의 특허발명과 대비하여 기술적 범위에 속하는지의 아닌지, 즉 자사의 특허발명을 침해하고 있는지를 검토한다.

(5) 침해의 입증방법 확인

상대방의 실시가 자사의 특허를 침해하였다고 판단될 경우에는 신중을 기해 침해의 입증방법을 모색하여야 한다. 실패할 경우에, 상대방으로부터 무고죄로 공격당할 수도 있다.

2. 방침확정

(1) 방침 확정

지금까지의 조사와 판단에서 침해자에 대해서 경고할지의 여부, 그리고 경고할 경우 앞으로의 대응에 대한 방침을 확정한다.

(2) 상대방에게 경고

경고는 통상 서면으로 행하고 경고장에서는 권리자 권리의 특정(특허번호, 공고번호, 발명의 명칭 등) 및 상대방 실시하는 방법의 특정(침해품, 방법 등) 및 회답기한 등을 명시하여 통상 내용증명 우편으로 상대방에게 발송한다. 상대방이 복수인 경우, 상대방을 특정하지 않고, 신문지상에 게재 경고하는 경우도 있으나, 많은 경우에는 직접 상대방에게 내용증명 우편으로 경고하는 방법이 가장 바람직하다.

(3) 경고장 송부의 이점

특허권 등의 권리를 이용해서 시장을 선점할 수 있는 방법의 하나가 경고장의 송부이다. 보통 유통업체는 침해의 경고를 받게 되면 납품업체에 그 해결을 요구하고 문제가 해결될 때까지 제품의 판매 및 납품을 중단시킨다. 따라서 A사는 유통업체에 경고장을 보냄으로써 경쟁사가 유통업체를 통해서 제품을 판매하는 것을 막거나 적어도 일정 기간 방지할 수 있고 그 기간 내에 A사는 제품 판매에 주력함으로써 시장점유율을 증대시킬 수 있다. A사의 침해 주장에 관한 경고가 부당한 것(즉, 특허 침해가 아닌 것)으로 판정되더라도 이와 같은 결과가 나올 때까지는 상당한 기간이 소요되므로 이 기간에 경쟁사는 자유롭게 제품을 판매하거나 할 수 없으며, A사는 시장을 선점할 수 있는 시간을 확보할 수 있다.

A사의 침해 주장이 침해가 아닌 것으로 판정되더라도 A사의 경고장 송부는 특허권자의 정당한 권리행사에 해당할 뿐이므로 A사는 지식재산권의 취득으로 경쟁사의 시장진입을 일정 기간 방지할 수 있는 이익이 있다. 이처럼 상대방의 실시 제품이 침해품이라는 취지를 상대방뿐만 아니라 거래처(도매, 소매점 등)에 선전할 때 주의를 필요로 한다(예, 백화점이나 홈쇼핑 등). 만일 상대방의 행위가 권리침해가 아니라고 판단되는 경우 "경쟁 관계에 있는 타인의 영업상 신용을 해치는 허위사실을 진술하고 또는 유포하는 행위"에 해당하여, 그 유포행위의 금지청구, 손해배상청구를 당할 경우도 있고, 또 명예훼손, 신용훼손 등 형사책임을 묻게 되는 경우도 있으므로 유포행위에 각별히 신중해야 한다.

Ⅲ. 타사로부터 권리침해 경고를 받은 경우

1. 일반적 대응방안

선행기술조사를 한 경우라 하더라도 타사로부터 특허침해 경고를 받을 수 있다. 기업체에서 처음 경고장을 받은 경우 큰 문제가 발생한 것으로 생각하여 당황할 수 있으나 경고장의 내용을 충분히 숙지하여 상대방의 요구에 따라 적절히 대응할 필요가 있다.

(1) 경고장 내용의 사실관계를 확인

경고장을 받았을 경우에는 경고장 내용의 사실관계를 검토하고 동시에 상대방의 의향을 파악할 필요가 있다.

(2) 경고장을 잘 읽고 상대방의 주장을 이해

[체크 사항]

- 보낸 주체가 회사의 책임자인가 또는 대리인(변리사, 변호사)인가
- 상대 특허권은 특정되어 있는가?
- 자사 제품 기술은 특정되어 있는가?
- 침해라고 판단하는 증거와 이유가 명기되어 있는가?
- 상대방의 요구가 특정(제조 판매의 중지, 손해배상청구, 라이선스 청구 등)되어 있는가
- 회답기한은 언제까지인가?
- 보낸 주체가 대리인인 경우 상대의 강경자세를 살피고, 당사자도 전문가 대리인을 세울 것인가?

상대방이 보낸 경고장에 침해주장 이유나 근거가 명확하게 제시되지 않은 경우에 상대방에게 더욱 명확한 근거 자료를 요구하여 합당한 범위 내에서 심리적 부담을 준다.

(3) 침해 여부 및 무효사유를 판단

만일 해당 권리가 경고자의 주장 그대로인 경우, 자사의 현재 실시품(또는 실시방법)이 기술적 범위에 속하는지의 여부 즉 침해 여부 판단을 하여야 한다. 또한 상대방 특허에 대해 무효 항변을 하는 경우 효과적으로 대응할 수 있다.

(4) 경고장에 대한 조처

경고장에 대해서는 될 수 있는 한 마찰을 피하기 위해 기간 내에 성의 있는 회답을 한다. 구체적인 대응 방안은 후에 설명한다.

2. 침해 여부 및 무효사유 검토

침해경고를 받은 경우 자사 실시기술의 상대방 특허 침해 여부 및 상대방 특허의 유효 여부를 판단해야 한다.

(1) 상대방 특허침해 여부 검토

자사의 실시기술이 상대방 특허를 침해하였는지는 다음과 같이 판단한다.

① 특허침해의 개념 및 유형

특허권의 침해란 제3자가 정당한 권한이 없이 타인의 권리(특허권 또는 전용실시권)로 되어있는 발명을 업(業)으로서 실시하는 경우를 말한다.

[특허침해의 요건]

- 유효한 권리: 특허침해가 성립되기 위해서는 특허권의 권리가 유효하여야 한다.
- 발명의 동일: 특허침해의 성립은 실시발명과 특허발명(특허청구범위에 기재된 발명)의 동일성이 전제되며 동일 여부는 발명의 구성·목적·효과를 대비하여 판단하되, 여기에서 동일이라 함은 자명한 정도의 상이를 포함하는 개념이다.
- 업으로서 실시: 타인의 특허발명 실시는 업으로서의 실시이어야 한다. 즉, 사업적으로 실시하여야 하고, 실시의 의미는 특허법 제2조에 정의한 규정에 따른다.
- 실시의 위법성: 타인의 실시는 실시권 등의 정당한 권한이 없이 하는 실시이어야 한다.

② 특허침해의 검토

자사가 입수한 자료와 상대가 제시한 증거의 신뢰성이나 가치를 종합적으로 판단하여 침해 여부를 판단한다. 침해 여부에 대해서는 전문가인 변리사 또는 변호사에게 감정을 받는 것이 좋다.

(2) 특허 무효항변의 검토

상대방 특허를 침해하고 있다고 판단되더라도 상대방 특허가 무효사유가 있어 무효항변을 제기할 수 있다면 소송에 있어서 유리하다.

① 무효항변의 근거 조문

등록된 특허에 대한 일반적인 무효사유에는 신규성과 진보성의 결여가 대표적이다. 통상 활용되는 근거조문은 다음과 같다.

가. 특허법 제29조 발명의 정의, 신규성, 진보성

나. 특허법 제42조 제3항 명세서 기재요건

② 기타 무효항변 사유

금반언(권리자의 권리 불행사 언동을 믿은 실시자를 보호하는 원칙), 선발명의 항변(등록된 특허와 동일한 발명이 이미 타인에 의해 이루어졌다는 항변), 부제소 특별계약의 활용(상대방으로부터 제소하지 않겠다는 특별계약을 받음으로써 분쟁을 미연에 방지) 등이 있다.

(3) 회피설계 검토

상대방 특허권에 대한 무효사유 조사에서 뚜렷한 무효자료를 찾을 수 없다면, 일단 가장 먼저 해야 할 것이 회피설계이다. 회피설계는 해당 제품의 기능 및 성능에는 거의 영향을 주지 않으면서도 당해 문제특허의 권리범위에서는 벗어나서 침해되지 않도록 하는 것이다. 일반적으로 특허는 해당 제품의 성능이 가장 좋게 발현되도록 청구항을 잡는 것이 일반적이다. 따라서 상기한 바와 같이 문제특허의 권리범위를 벗어나면서 제품의 기능 및 성능에 영향을 주지 않는다는 것은 대단히 어려운 작업이다.

3. 경고장 검토

(1) 경고장 요건의 검토

문제 특허의 특허번호, 특허침해 제품의 특정 여부를 검토한다. 불특정 시에는 무시해도 무방하다.

(2) 경고장 내용의 검토

특허권자의 의도(라이선스 계약을 체결하고자 하는 것인지 아니면 애초 시장진입 방해나 퇴출을 기도하는 것인지), 심각성(협상과 소제기 중 어느 쪽에 더 기울어 있는지), 요구 사항의 수용 가능성 및 협상 가능성 등을 종합적으로 철저히 검토한다.

(3) 대리인 선임 필요성 검토

- 특허분쟁을 둘러싼 경고장 처리에 관하여 회사 내 처리능력, 경험이 충분하지 못한 경우
- 대상제품이 기업에 높은 이익을 주는 주요 제품이고, 위험이 많은 경우
- 권리자 또는 대리인이 제품 비즈니스는 없이 특허 비즈니스만을 하는 특허 마피아 등의 악덕 업체로 알려진 경우 등에는 대리인 선임을 검토할 필요가 있다.

(4) 전문가의 감정서 확보

고의 침해에 대한 중벌 적용을 회피할 수 있는 효과적인 방어책이다.

(5) 경고장에 대한 회신

경고장에 대해 응답하지 않으면 추후 소송에서 불성실한 태도로 비칠 수 있으므로 적당한 시기를 봐서 잠정적 회신하고 시간을 확보한다. 성실하게 대응한 기록을 남기기 위해 필요한 사항만을 냉정하고 간결하게 서술한다. 권리자의 공격을 제어하기 위해서는 부담을 주는 일이 가장 효과적이다. 특히 외국 선진기업들이 우리 기업의 대응능력의 미숙한 점을 이용하여 쉬운 방법으로 이득을

얻으려는 의도로 행해지는 무분별한 경고장 남발을 미연에 방지하는 효과적 수단이다

4. 무효자료의 조사와 대응무기 파악

(1) 무효자료 조사

연구/개발원들과의 협의를 통해, 일반논문, 카탈로그, 매뉴얼 등 기타 자료에 대한 선행기술조사는 연구/개발팀원이 조사한다. 특허부서원들은 특허에 대한 선행기술조사를 진행하기로 업무분담을 하고 무효자료를 조사한다. 또한 외부 조사전문기관에 조사를 의뢰하여 내외에서 병행하여 조사한다.

(2) 대응무기 여부 파악

상대방이 소송을 제기해 올 경우, 우리도 우리가 보유하고 있는 특허를 이용하여 상대방 제품에 대한 특허 맞소송을 제기함으로써, 크로스 라이선스를 유도하거나, 특허의 경중을 따져서 로열티 협상 시보다 유리한 협상을 이끌어 내기 위하여 대응무기가 될 수 있는 특허가 있는가 살펴본다.

Ⅳ. 분쟁해결방안

1. 분쟁해결 종류

타사가 자사의 특허를 침해하였든지 또는 타사로부터 침해경고를 받았든지 분쟁이 발생하면 이를 효율적으로 해결해야 한다.

소송제도를 통하여 해결할 것이 있고 소송 외적 제도를 통하여 해결해야 할 것이 있다.

특허권의 침해행위에 대해서는 특허법(제128조)의 손해배상청구와 민법(제750조)의 손해배상청구가 가능하다. 특허법(제128조)의 손해배상 청구권 규정은 민법(제750조)의 특별법으로서 특허권자 등의 손해액 산정의 어려움을 덜어주고 인과관계의 요건을 완화한 규정이라고 볼 수 있다. 특허권자(또는 전용실시권자)는 특허법(제128조)에서 정하지 않은 사항에 대해서는 민법(제750조)의 불법행위에 따른 손해배상을 청구할 수 있다. 침해자에게 ⓐ 고의 또는 과실이 있어야 하고 ⓑ 손해가 발생하여야 하며 ⓒ 침해행위와 손해 사이와 인과관계가 있어야 한다.

산업재산권, 즉 특허와 실용신안, 디자인, 상표의 발생과 변경, 그 효력범위에 관한 분쟁을 해결하기 위한 심판제도가 있다. 특허 등에 대한 심판은 행정심판의 일종으로, 일반 법원에서 담당하는 특허침해소송과는 달리 특허청 소속의 특허심판원에서 담당한다. 특허분쟁을 해결하는 심판제도로는 무효심판과 권리범위확인심판이 대표적이다.

무효심판은 등록된 권리에 대하여 권리자로부터 권리행사를 당하였거나 그럴 염려가 있는 이해관계를 맺은 제3자가 그 등록무효를 청구하는 것이다. 무효심판의 결과 권리가 무효로 확정되면 그 권리는 처음부터 없었던 것이 되므로 제3자로서는 가장 강력한 대응수단이 될 수 있다. 이를 위해서는 무효이유에 관한 입증이 매우 중요하다. 권리자는 물론이고 이해관계를 맺은 제3자는 권리범위확인심판을 통해 제3자의 제품 또는 상표가 등록된 권리의 효력범위에 속하는지를 확인받을 수 있다. 권리범위확인심판은 그 자체로는 집행력을 갖지 못하나, 심결을 통해 특허분쟁을 조기에 해결할 수 있을 뿐만 아니라 형사소송이나 민사소송의 결론에 크게 영향을 미칠 수 있다는 점에서 많이 이용된다. 특허심판원의 모든 심결에 대하여는 특허법원에 제소하여 그 심결의 취소를 구할 수 있으며, 만일 특허법원의 판결에 불복하는 경우에는 대법원에 상고하여 최종적인 판단을 구할 수 있다.

2. 심판제도

(1) 무효심판

① 의미 및 취지

일단 유효하게 설정등록된 특허권 등을 법정무효사유를 이유로 심판에 의하여 그 효력을 소급적으로 또는 장래에 향하여 상실시키는 심판을 말한다. 착오로 허여된 특허권 등이 계속 존속하면 특허권자 등에 대한 부당한 보호가 됨은 물론 국가산업에도 유익하지 못하므로 등록무효심판을 통하여 부실 권리를 정리하기 위한 제도이다. 무효심판은 특허권자로부터 경고장이나 침해금지청구와 같이 특허권에 기한 공격을 받은 자 또는 받을 우려가 있는 자가 침해를 면하기 위한 반격의 수단으로 활용되고 있다.

② 당사자

무효심판은 심사관 또는 이해관계인이 청구할 수 있다. 심사관의 경우 공익의 대변인으로서 잘못 등록된 특허를 무효화하여 일반 공중이 자유롭게 이용할 수 있도록 한다는 취지에서 무효심판을 청구할 수 있도록 하였으나 실제로 심사관이 무효심판을 청구하는 경우는 거의 없다. 실제로는 거의 모든 무효심판은 이해관계인이 청구하며, 여기서 이해관계인이란 특허권자로부터 권리의 대항을 받을 염려가 있어 현재 손해를 받거나 후일 손해를 받을 염려가 있는 자를 의미한다. 무효심판의 피청구인은 특허권자이고 특허권이 공유인 경우 공유자 전원을 상대로 무효심판을 청구하여야 한다.

③ 무효 사유

1) 특허권을 향유할 수 없는 외국인에게 특허가 허여된 경우

2) 산업상 이용가능성이 없는 경우, 신규성이 없는 경우 및 진보성이 없는 경우

3) 발명 내용이 공서양속이나 공중위생을 해할 염려가 있는 경우

4) 동일한 특허나 실용신안이 먼저 출원된 경우나, 같은 날에 출원되어 협의에 의하지 않고 특허권이 설정된 경우(선출원주의 위배)

5) 발명의 상세한 설명이 통상의 기술자가 용이하게 실시할 수 있도록 기재되지 않은 경우

6) 특허청구범위가 상세한 설명에 뒷받침되지 않거나, 명확하지 않은 경우

7) 특허를 받을 수 있는 권리가 공유인 때, 공유자 전원이 특허출원하지 않은 경우

8) 특허를 받을 수 있는 권리가 없는 자에게 특허가 허여된 경우

9) 조약에 위반되어 허여된 경우

10) 특허된 후 권리자가 권리 향유능력이 없는 자가 되거나 특허가 조약에 위반된 경우

11) 최초 출원 명세서 또는 도면에 기재된 사항의 범위 안에서 보정이 되지 않은 경우

12) 이중출원으로 실용신안권이 포기되지 않은 경우

(2) 권리범위확인심판

① 의 미

권리범위확인심판은 특허권자 또는 이해관계인이 특허발명의 보호범위를 확인하기 위한 제도이다. 일반적으로 권리자는 자기의 권리 범위를 넓게 해석하려고 하고 확인대상발명 실시자는 이를 좁게 해석하려는 경향이 있어 분쟁이 발생할 우려가 크다. 따라서 국가기관의 객관적인 해석을 통하여 분쟁해결에 기여하는 제도이다.

② 적극적 권리범위확인심판

적극적 권리범위확인심판은 특허권자가 제3자를 피청구인으로 하여 "제3자가 실시하고 있는 발명(확인대상발명)이 자신의 특허권의 권리범위에 속한다."라는 심결을 구하는 심판이다.

③ 소극적 권리범위확인심판

소극적 권리범위확인심판은 제3자(이해관계인)가 특허권자를 피청구인으로 하여 "자신이 실시하고 있는 발명(확인대상발명)이 특허권자의 특허권의 권리범위에 속하지 아니한다."라는 심결을 구하는 심판이다.

④ 확인대상발명의 특정

권리범위확인심판은 특허발명의 청구범위와 구체적으로 문제된 실시형태(확인대상발명)와의 관계에 있어서 권리의 효력이 미치는 범위를 구체적으로 확정하는 것이므로 문제된 실시형태인 확인대상발명은 특허발명의 구성 요건에 대응하는 부분과의 차이점을 판단할 수 있을 정도로 그에 대응하는 구성요건을 특정하여야 한다. 만일 확인대상발명을 구체적으로 특정하지 못하는 경우 권리범위에 속하는지 여부를 판단하지 않고 심판청구는 부적법한 것이 되어 각하된다.

⑤ 권리 대 권리범위 확인심판

특허권자가 제3자를 상대로 적극적 권리범위확인심판을 청구하면서 확정한 확인대상발명이 단순히 제3자가 실시하고 있는 발명이 아니라 특허등록을 받은 경우를 적극적 권리(특허권자의 특허) 대 권리(제3자의 특허)범위확인심판이라고 한다. 이와 같은 심판 청구는 무효심판에 의하지 아니하고 제3자의 권리를 부정하는 결과가 되므로 심판청구는 부적법한 것이 되어 각하된다. 반면에 제3자가 자신의 특허발명이 타인의 특허발명의 권리범위에 속하지 아니한다는 소극적 권리 대 권리범위확인심판은 제3자의 권리를 부정하는 것이 아니므로 적법한 심판청구로 인정된다.

⑥ 심결의 효과

확인대상발명이 특허권의 권리범위에 "속한다"는 취지의 심결(적극적 권리범위확인심판의 인용심결 또는 소극적 권리범위확인심판의 기각심결)이 있으면, 확인대상발명의 실시는 특허권을 침해하게 된다. 확인대상발명이 특허권의 권리범위에 "속하지 아니한다"는 취지의 심결(적극적 권리범위확인심판의 기각심결 또는 소극적 권리범위확인심판의 인용심결)이 있으면, 확인대상발명의 실시는 특허권을 침해하지 않게 된다.

⑦ 권리범위확인심판과 침해 소송과의 관계

권리범위확인심판 결과에 법원이 구속되는지 여부에 대해서는 다양한 견해가 있으나, 일반적으로 법적 구속력은 없는 것으로 해석되고 있다. 즉 권리범위확인심판에서 "속한다."라는 취지의 심결이 있는 경우라도 법원은 이와 달리 판단하여도 무방하다는 것이다. 그러나 실무적으로는 권리범위확인심판의 심결이 있는 경우 법원이 이와 다른 취지의 판결을 내리는 경우는 거의 없다.

2012후4162 전원합의체 판결은 권리범위확인심판에서 특허발명의 신규성 여부는 판단할 수 있고, 진보성 여부는 판단할 수 없다고 하였다. 대상판결은 권리범위확인심판 제도의 목적 및 본질 등에 비추어, 진보성 여부를 심리 · 판단할 수 없다는 태도를 명확히 하면서 종래 긍정설을 취한 대법원판결을 변경한 점에서 큰 의의가 있다.[3)]

(3) 거절결정불복심판

① 의미 및 취지

거절결정불복심판은 거절결정을 받은 특허 출원인이 그 결정에 불복하기 위해서 청구하는 심판을 의미한다. 심사관의 결정에 대하여 불복 기회를 보장하여 출원인을 보호하기 위한 제도이다.

② 심결의 효과

인용심결의 경우 심판관은 원결정을 취소하게 되고, 취소의 기본이 된 이유는 심사관을 기속한다. 따라서 심사관은 심판관이 제시한 이유를 다시 번복할 수 없다. 다만 취소의 기본이 된 이유 이외에 새로운 거절이유가 있는 경우 새롭게 거절이유를 다시 통지할 수 있다.

---

3) 김원준, "권리범위확인심판에서 진보성 심리 · 판단 여부: 대법원 2014. 3.20. 선고 2012후4162 전원합의체 판결을 중심으로", 법학논총 35(3), 전남대학교 법학연구소, 2015.12, 366면.

기각심결의 경우 불복하지 않으면 거절결정이 확정되고, 이에 대하여 다시 불복하고자 하는 경우 특허법원에 심결취소소송을 제기할 수 있다.

3. 소송제도

(1) 소송제도

① 민사적 구제수단

분쟁해결을 위한 소송제도로서 침해금지청구, 손해배상청구, 신용회복청구, 부당이득반환청구, 가압류 · 가처분의 민사적 구제수단이 있다.

가. 침해금지 및 예방청구권 특허권자 · 전용실시권자는 자기의 권리를 침해한 자 또는 침해할 우려가 있는 자에 대하여 고의 · 과실을 불문하고 침해의 금지 또는 예방을 청구할 수 있다. 침해금지청구권의 내용으로 침해행위를 조성한 물건(물건을 생산하는 방법 발명인 경우에는 침해행위로 생긴 물건을 포함)의 폐기, 침해행위에 제공된 설비의 제거 기타 침해예방에 필요한 행위를 청구할 수 있다.

나. 손해배상청구권 특허권자·전용실시권자는 고의 또는 과실로 권리를 침해한 자에 대하여 손해배상을 청구할 수 있다.

다. 신용회복조치청구권 특허권자 또는 전용실시권자는 타인이 고의 또는 과실로 특허발명을 침해하여 업무상의 신용을 실추케 한 때에는 법원에 신용회복조치를 청구할 수 있으며, 법원은 손해배상에 갈음하거나 손해배상과 함께 신용회복조치를 명할 수 있다.

라. 부당이득반환청구권 법률상 원인 없이 타인의 특허권

또는 전용실시권으로 인하여 이익을 얻고 이 때문에 권리자에게 손해를 입힌 자에게 그 이익을 반환하도록 청구할 수 있는 권리를 말한다.

마. 추 정 ㉠ 손해액의 추정: 권리를 침해한 자가 침해행위로 이익을 받은 때에는 그 이익의 액을 손해의 액으로 추정하며, 또한 특허발명의 실시에 대하여 통상 받을 수 있는 상당액을 특허권자 · 전용실시권자가 받은 손해액으로 하여 손해배상을 청구할 수 있다.

㉡ 생산방법의 추정: 물건 생산방법의 발명에 관하여 특허가 된 경우에 그 물건이 특허출원 전에 국내에서 공지된 물건이 아닌 때에는 그 물건과 동일한 물건은 그 특허받은 방법에 따라 생산된 것으로 추정한다.

㉢ 과실의 추정: 타인의 특허권 또는 전용실시권을 침해한 자는 그 침해행위에 대하여 과실이 있는 것으로 추정한다.

바. 가처분 특허권자는 자신의 특허권이 침해되고 있음을 이유로 침해금지명령을 발해 줄 것을 법원에 청구할 수 있는바, 특히 본안에 관한 최종적인 심리 이전의 단계에서(제소 전후를 불문) 침해피의자에게 잠정적인 침해금지명령을 내리는 것을 가처분이라고 한다. 가처분 명령은 특허권자에게는 매우 실효적이고, 강력한 공격수단이 되며 침해혐의자에게는 즉각적인 사업 중단을 가져오는 두려운 존재이다. 따라서 법원에서의 가처분의 인정은 매우 엄격한 요건을 필요로 하고 있다. 침해혐의자에 대한 불측의 손해를 입힐 수 있기 때문이다. 요건들에 대한 입증책임은 가처분 신청권자(원고)가 부담한다.

② 형사적 구제수단

가. 특허권 침해죄 특허권 또는 전용실시권을 고의로 침해한 자는 7년 이하의 징역 또는 1억 원 이하의 벌금을 과하게 되어 있다. 반의사불벌죄로서 피해자의 명시적인 의사에 반하여 공소를 제기할 수 없다.

나. 몰 수 법원은 특허권 또는 전용실시권을 고의로 침해한 경우에는 침해행위를 조성한 물건 또는 그 행위로부터 생긴 물건은 이를 몰수하거나 피해자에게 교부할 것을 선고하여야 한다.

다. 양벌죄 법인의 대표자, 법인 또는 개인의 대리인, 사용자, 기타 종업원이 업무와 관련하여 침해죄, 허위표시의 죄, 거짓행위의 죄를 범하였을 때에는 행위자를 벌하는 외에 그 법인 또는 개인에 대하여도 벌금형을 부과한다.

(2) 소송 외적 해결제도

① 개 요

심판 · 소송을 통한 해결은 일반적으로 장기간의 시간이 소요된다. 상품 라이프 사이클이 짧아지고 기술수명이 날로 단축되고 있으므로, 사법적 절차가 종료되는 시점이 되면 사실상 법적 구제 실익이 희박해진다. 기업은 분쟁해결에 큰 비용을 지급해야 하는 등 기업 경쟁력을 잃게 된다. 따라서 첨단기술분야 등의 급속한 발전으로 분쟁내용이 고도화, 복잡화되어 감에 따라 지식재산권 분야의 전문가에 의한 간이 중재 · 조정제도가 필요하다.

이러한 소송 외적 해결제도의 장점은 다음과 같다. 신속하고 비용 측면에서 경제적이며, 편리하고, 비공식적인 절차에 의하여 문제를 해결할 수 있다. 소송보다 저렴한 비용을 들여 손해배상의 청구가 가능하다. 당해 분야 전문가들의 도움으로 분쟁을 조기에 해결할 수 있다. 소송절차에 의하여 공개될 수 있는 회사의 영업비밀을 보호할 수 있다.

② 제도의 종류

가. 중재제도 분쟁 당사자의 합의에 따라 분쟁에 관한 판단을 법원이 아닌 제3자(중재인 또는 중재기관)에게 맡겨 그 판단에 복종함으로써 분쟁을 해결하는 방법이다.

나. 조정제도 중재와 마찬가지로 재판에 의하지 않고 당사자 간의 분쟁해결을 도모하는 제도이다. 중재의 경우에는 제3자의 판단이 법적인 구속력을 가지며, 당사자는 이에 따라야 하지만, 조정안은 법적인 구속력이 없어 당사자가 이를 수용하지 않을 수도 있다. 지식재산권에 대한 분쟁에 대한 대표적인 조정기관으로는 산업재산권분쟁조정위원회가 있다.

다. 협 상 협상이란 협상에 참여하는 양 당사자가 협상의 타결(또는 협상의 대상)에 대한 서로의 기대를 일치시켜 가는 과정이다.

③ 기 타

소송을 통하지 않고 분쟁을 해결하는 중재와 조정 이외에도 행정기관인 관세청은 산업발전을 저해하고 소비자를 기만하여 국제적으로 금지되고 있는 불공정 무역행위인 상표권 침해물품, 저작권 침해물품의 수출입을 금지하고 있다. 무역위원회를 통하여 지재권 침해 상품의 수출입을 금지하거나 과징금을 부과할 수 있다.

Ⅴ. 특허침해 소송의 단계별 대응전략

1. 소송준비에서 대응전략

특허분쟁해결수단의 대표적인 방법인 특허침해소송에 대해 살펴본다. 특허침해소송에서 소송준비단계, 소송진행단계 및 소송완료단계의 대응전략을 살펴본다.

(1) 소송전담팀 구성

소송은 분쟁이기 때문에, 이것에 필요한 부서와 전략이 필요하다. 즉 책임자, 협력자, 기술자와의 협력관계의 구성과 경영 책임자와의 긴밀한 협조 등이 요구된다.

(2) 대리인 선임

소송은 통상 소송대리인을 중심으로 진행되므로 대리인의 선임이 필요한 경우가 많다. 특허소송에 정통한 변리사, 변호사를 선정함에 있어서 세심한 주의가 필요하다.

(3) 소송비용의 견적

예상되는 사안을 사전에 충분히 파악하여 소송이 완료되기까지의 소송비용을 파악해 둔다. 소송에서 패소하는 경우에 상대방 소송비용까지 지급해야 됨을 명심해야 한다.

(4) 소송 전략

공격 또는 방어 그 어느 쪽의 입장이라도 소송을 제기한 이상,

사안을 냉철하게 분석하여 유리한 점, 불리한 점을 자세히 검토하여 체면에 집착하지 않고, 경제원칙에 따라 소송에 임한다.

(5) 권리범위확인심판 검토

권리범위확인심판은 법적 구속력을 가지지 않는 특허심판원의 심판제도이므로 심결을 빠른 시기에 얻을 수 있다면 실질적으로 이용가치는 매우 크다. 따라서 실시품이 특허발명의 기술적 범위에 속하거나 속하지 않을 개연성이 있다고 생각하는 측이, 전략의 하나로서 권리범위확인심판을 검토하는 것도 좋은 방법이다.

(6) 증거보전 대책 연구

권리자는 실시품의 결정적 증거를 얻을 수 없거나 증거인멸의 우려가 있을 경우에 소제기 전에 법원에 대한 증거보전 신청을 고려해 볼 필요가 있다. 반대로 실시품 실시자는 증거보전신청에 따른 재판과정에서 실시품이 비밀유지의무가 있는 계약에 따른 경우이거나 중요한 노하우 기술에 해당하는 경우임을 적극적으로 주장할 필요가 있다.

(7) 가처분대책

방어 측에서 가장 염려가 되는 사항은 갑자기 가처분 결정이 내려져 실시품의 실시가 중지되는 경우이다. 공격 측에 있어서는 이보다 더 효과적인 수단이 없기 때문이다.

(8) 특허무효심판 청구

방어 측으로서는, 소송의 대항수단으로서 특허무효심판을 청구할 수 있다. 성공확률은 낮지만 실제로 특허성의 판단 시 의외의 효과를 기대할 수 있다.

2. 소송진행의 대응전략

(1) 상대방을 누구로 하는가를 결정

실시품의 실시자가 한 사람이라면 큰 문제는 없지만, 상대가 복수인 경우 누구를 피고로 할 것인가가 하는 점이 포인트가 된다.

(2) 관할 법원 선정

특허침해소송(침해금지청구, 손해배상, 신용회복 등)은 일반법원(서울 중앙, 대전, 대구, 부산, 광주 등 전국 5개 지방법원이 1심 담당, 다만 서울중앙지방법원의 중복관할 인정)에서 담당하고 있다.

(3) 본안소송인지 가처분인지 결정

통상의 재판 절차가 본소이며, 그 판결을 기다리고 있으면 권리자의 피해가 크다고 판단될 경우에는 단기결정의 가처분신청절차가 있다. 이러한 경우 가처분신청을 먼저 행하고 다음에 본소로 이행하는 경우가 많은데, 그 반대로 하여도 상관없다.

(4) 청구내용 선정

권리자는 특허권의 효력상 얼마간의 청구권이 있다. 한편 상대는 권리자에 대해서 소극적인 응소에 머무르지 않고 역으로 적극적으로 확인소송으로 대응할 수도 있다.

(5) 실시품 물건 특정

원고(권리자)는 입증 책임상 실시품을 특정하여 다투게 된다.

한편 피고가 상이한 실시품을 제출하여 다툼으로써 결국 쌍방 타협의 산물로서 특정되는 경우가 많은 점에 유의하여야 한다.

3. 소송종료 단계 대응전략

(1) 화해의 방법 파악

화해는 분쟁해결을 위한 하나의 방법이다. 위에서 설명한 바와 같이 중재나 조정을 통해서도 분쟁해결을 할 수 있다.

(2) 손해배상금 지급방법

판결이 확정되면 그 주문에 따라 당사자를 구속한다. 승소일 경우에는 실시정지나 손해배상 등의 강제집행을 할 수 있다. 배상금을 지급할 경우, 당사자 사이에 일괄 또는 분할의 방법으로 당사자 간 합의로 결정한다.

CHAPTER 4

특허 활용

Ⅰ. 특허 활용

1. 지식재산의 활용

지식재산은 활용될 때 의미가 있는 재산이다. 기업의 존재 목적이 이윤창출인 점을 고려할 때, 기업이 보유한 지식재산을 활용하여 이윤창출로 연결할 필요가 있다. 기업이 지식재산을 이윤창출로 전환하기 위한 전략으로서 자사가 보유한 지식재산을 제품생산 단계에서 자기 실시하거나 타인이 실시하게 할 수 있다. 타인 실시는 자사가 보유한 지식재산을 타사에 라이선싱하거나 매각하는 방법이 있다. 또한 자사의 지식재산에 대해 공동으로 개발·생산할 업체와 제휴하는 방법도 있다.

기업에 있어서 자금의 흐름은 기업의 생존과도 직결되기 때문에 기업의 재무 구조를 튼튼히 할 필요가 있다. 기업의 재무 구조는 크게 자산과 부채 및 자본으로 구분된다. 여기에서, 기업이 보유한 지식재산은 재무적인 관점에서 무형자산으로 나타난다. 그러나 무형자산은 회계기준에 따라 취득원가로 실현되므로 무형자산의 가치를 충분히 반영하지 못한 문제점이 있다. 따라서 무형자산을 이용하여 재무적인 구조를 튼튼히 하는 방법으로는 타인자본구조를 강화하는 것도 하나의 방안으로 고려할 수 있다. 타인자본 조달의 방법으로 자사의 무형재산 즉, 지식재산을 활용할 수 있다면 크게 도움이 될 것이다. 예를 들어, 지식재산을 담보로 하여 자금을 융자할 수 있을 것이다. 지식재산을 활용하여 기업의 이윤을 창출하는 다른 전략으로는 기업의 가치를 높여서 투자자를 모으는 방안을 고려할 수 있다. 즉, 핵심 기술을 권리화하여 안정된 지식재산을 외부로 홍보하여 투자자로부터 더욱 많은 투자 자금을 모을 수 있다.

2. 지식재산을 활용한 이윤창출

기업의 존재 목적이 이윤창출인 점을 고려할 때, 기업이 보유한 지식재산을 적극적으로 활용하여 이윤창출로 연결할 필요가 있다. 지식재산을 이용하여 이윤을 창출하기 위한 전략으로서 지식재산의 자사 실시와 라이선싱, 매각, 양도 등과 같은 타사 실시가 있다.

(1) 지식재산의 자사 실시

자사의 특허발명이 판매 중인 히트 상품에 관한 것이라면, 자사의 특허권에 속하는 타사의 모방 제품과 유사 제품을 저지하여 그 상품에 대한 제조와 판매 등의 사업을 독점할 수 있도록 특허를 활용하는 것도 바람직하다. 특허권의 효력에 따르면, 특허권자인 자사만이 사업으로서 그 특허발명을 실시할 수 있다.

(2) 지식재산의 타사 실시

지식재산의 실시에는 자사에서 실시하는 것 이외에도 타사에 대하여 실시하는 것도 있다. 예를 들어, 타사를 대상으로 실시권 등을 설정함으로써 실시권을 실행하거나(즉, 라이선싱을 하거나) 회사에서 이용하지 않는 미이용 지식재산권(즉, 휴면 특허)을 타사에 양도하여 타사에서 이를 실시하게끔 하는 것이다.

3. 기술 사업화

(1) 정 의

기술 사업화는 기술을 이용하여 제품을 개발 · 생산 또는 판매하거나 그 과정의 관련 기술을 향상하는 것을 말한다. 즉 기술 사업화는 ⓐ 제품의 개발 · 생산 · 판매, ⓑ 개발 · 생산 · 판매 관련 기술향상이다.

(2) 기술 사업화 전문회사

기술 사업화 전문회사는 대학 · 정부출연(연)이 보유한 기술의 사업화(창업)를 전문적으로 추진하기 위하여—대학 · 정부출연(연)이 보유한 기술을 현물출자 받아—설립한 회사를 말한다. 기술 사업화 전문회사가 사업화를 추진하는 방법은 ⓐ 기술이전을 통한 기술 사업화 ⓑ 자회사 설립(창업)을 통한 기술 사업화로 구분할 수 있다. 기술 사업화 전문회사는 ⓐ 산학연협력 기술지주회사(산업교육진흥 및 산학연협력촉진에 관한 법률) ⓑ 공공연구기관 첨단기술지주회사(기술의 이전 및 사업화 촉진에 관한 법률) ⓒ 신기술창업전문회사(벤처기업육성에 관한 특별법)로 구분할 수 있다. 대학은 산학연협력 기술지주회사와 신기술창업 전문회사를 설립할 수 있고, 정부출연(연)은 공공연구기관 첨단기술지주 회사와 신기술창업 전문회사를 설립할 수 있다.

4. 기술창업

기술창업은 기술수요자(법인 또는 자연인)가 기술공급자로부터 기술을 이전받아 창업하는 것을 말한다. 기술공급자는 기술 사업화 전문회사, 정부출연(연), 대학, 기업, 개인이 될 수 있다.

II. 기술이전

1. 기술이전의 방법

기술이전의 방법은 기술양도 · 실시권허락 · 기술지도 · 공동연구 · 합작 투자 · 인수합병으로 구분할 수 있다.

2. 기술양도(유상 · 무상)

(1) 기술양도

기술양도는 기술공급자 측면에서는 기술(지식재산권)의 관리 부담을 덜어 주게 되고, 기술수요자 측면에서는 기술의 소유권을 취득하게 된다. 기술양도는 기술공급자와 기술수요자 모두 선호하는 유형이며 적정한 기술료만 합의되면 신속하게 추진할 수 있다. 기술자료(예를 들면 도면 · Microfilm) 매매도 양도의 유형이다. 지식재산권은 기본적으로 자사 실시를 목적으로 확보된 것이다. 그러나 기업 내에 미이용 지식재산권이 늘어남에 따라 이를 위한 관리 비용도 많은 부담이 된다. 이러한 미이용 지식재산권의 처분이라는 측면에서 지식재산권의 양도 방식을 채택할 수 있다.

(2) 양도 계약서의 작성

지식재산권의 양도를 실행한 경우에는 다른 양도 계약과 같이 양도 계약서를 작성하는 것이 바람직하다. 양도 계약서의 작성이 양도 계약의 효력 발생 요건이 아닌 것은 동산 등의 양도 계약과 동일하지만, 계약 내용을 명확히 하고 후일의 문제 발생을 회피하기 위해 실무상 계약서를 작성하는 것이 일반적이다. 대상이 지식재산인 경우, 통상의 동산 양도 등과 비교하여 특수한 약정이 필요한 경우가 많고, 서면으로 작성해야 할 경우가 많다. 한편 지식재산의 양도 계약의 경우에는 소위 하자담보의 문제에 대해서 양 당사자 간에 충분히 협의하여 명확하게 규정해 둘 필요가 있다. 왜냐하면, 특허권을 중심으로 하여 그 무효를 다투는 위험성이 매우 높고, 무효 주장된 경우의 대응(양도인의 상당 정도의 협력이 필수적)과 무효로 된 경우의 대처(상품의 회수 및 설비의 폐기 등을 전제로 하여 특허권이 무효로 된 경우의 영향은 심각하다)에 대하여, 명확히 규정해 두는 것은 특히 특허권의 양도를 받는 측에서는 필수적으로 고려하여야 한다.

(3) 양도 계약서의 관리

양도 계약서의 관리의 필요에 대해서는 다른 양도 계약서와 동일한 관리를 적절하게 해야 한다. 더욱이 동산 등 양도의 경우에는 양도 후 결제를 한 후에는 어떠한 문제점이 발생한 경우를 제외하고 정기적으로 그 내용 등에 관해 확인할 기회는 드물지만, 양도 대상이 지식재산인 경우 정기적으로 조사 등이 필요하다. 그 계약의 내용 여부에 따라 통상의 양도 계약서와 동일한 관리를 하는 것보다는 임대차 계약 등의 계속된 거래에 관한 계약 서류와 동일한 관리를 필요로 한다.

3. 실시권 허락

실시권(License) 허락은 기술의 소유권은 그대로 기술공급자에게 두고 기술의 사용권을 타인에게 허락하는 것이다. 기술수요자는 양도보다 상대적으로 적은 기술료를 초기에 지급(착수기술료)하고 기술의 사용권을 획득한 후 정액기술료 또는 매출실적에 따른 정률기술료를 지급한다. 기술공급자는 통상실시인 경우에는 제3자에게 실시권을 허락할 기회도 있고, 기술수요자는 계약기간 동안 기술을 사용하다가 사업환경을 고려하여 재계약 여부를 결정할 수 있다.

특허권 등의 지식재산에 대하여 라이선스할 경우, 반드시 라이선스 계약서를 작성해 두어야 한다. 라이선스 내용을 명확히 하여 후일의 분쟁을 회피하기 위해서 계약서의 작성이 필수적이다. 특히 라이선스의 내용을 가능한 상세한 내용으로 하는 것이 바람직하다. 또한, 라이선스 계약의 내용이 독점금지법상 규제에 저촉하지 않도록 유의할 필요가 있다. 한편 특허권은 존속기간이 있는 유한권리로서 존속기간 만료일 이후에는 누구든지 실시할 수 있다. 라이선스 계약을 체결한 경우에는 그 계약서를 적정 부서에서 관리해야 한다. 당해 계약에 설정 기간을 정한 경우는 물론 설정 기간이 정해져 있지 않은 계약도 일정 기간마다 내용을 점검하여야 한다. 즉, 설정계약에 정해져 있는 계약자의 권리 의무(예를 들면, 라이선스료의 지급 등)가 적절하게 이행되고 있는지 등 라이선스 계약에 기재된 사항의 준수 상황의 확인 이외에, 내용 그 자체에 대해서 실정에 맞지 않는 것이 있는지를 확인한다. 필요 시 상대방과 교섭한 후에 내용의 변경을 하는 경우도 고려한다.

실시권의 유형은 다음과 같다.

(1) 전용실시권

전용실시권(Exclusive License)은 기술보유자(Licensor)와 실시권자(Licensee)의 계약으로 정한 범위 내에서 기술을 독점적 · 배타적으로 실시할 수 있는 권리이다. 전용 실시권 계약을 체결한 기업은 계약에서 설정된 범위(예를 들어, 일정 지역 및 기간) 내에서 특허권을 독점적으로 실시할 수 있다. 이때 전용실시권 계약에서 설정된 지역과 기간은 특허권자라도 실시할 수 없음에 유의하여야 한다.

전용실시권은 설정행위로 정한 범위에 대해서 특허권자가 본래 가지고 있는 권리와 실질적으로 변함이 없는 배타적 독점권을 수반한 실시권이다. 따라서 전용실시권자는 설정행위로 정한 범위 내에서 권리침해에 대해 금지청구권과 손해배상청구권을 행사할 수 있고 제3자에게 실시권을 허락할 수 있는 권리도 가지고 있다.

(2) 통상실시권

통상실시권(Non－Exclusive License)은 동시에 다수의 기술수요자에게 같은 범위의 실시권을 허락할 수 있는 권리이다. 독점적 통상실시권은 독점적인 실시권이 약속되어 있을 뿐, 배타적 독점권은 일절 부여되어 있지 않다. 통상실시권을 체결한 기업은 특허권을 실시할 수 있는 것은 변함이 없지만 하나의 기업만이 그 권리를 독점적으로 실시하는 것은 아니다. 즉, 통상실시권 계약에서는 여러 기업이 동일한 특허권을 실시할 수 있다. 특허권자도 그 권리를 실행할 수 있다. 즉, 기업에서 특허권을 이용한 상품을 판매하는 동시에 그 권리를 다른 여러 기업에 대하여 라이선스 사업을 할 수 있다.

(3) 재실시권

재실시권(Sub-license)은 기술수요자가 기술공급자로부터 실시권을 허락받은 기술을 제3자에게 다시 실시할 수 있는 권리를 말한다. 재실시권은 전용실시권 계약에서 주로 볼 수 있고 원계약서에 명시적 조항이 있어야 인정된다. 계약서에는 기술수요자는 재실시권에 대하여 기술공급자로부터 동의를 받아야 한다는 내용을 기재하는 것이 바람직하다.

(4) 상호실시권

상호실시권(Cross License)은 기술보유자(Licensor)와 실시권자(Licensee) 간에 기술을 상호실시하는 권리를 말한다. 동일한 분야에서 경쟁하는 회사가 새로운 기술을 계속 발전시켜 가면서 상대방이 선점한 기술을 침해할 가능성이 있을 때 교차실시권을 통하여 침해문제를 해결할 수가 있다. 실시권자가 허락된 기술을 사용하여 진보된 기술을 개발하는 경우에 진보된 기술을 기술공급자가 무료로 사용할 수 있는 권리를 미리 확보하기 위하여 사용하기도 한다. 크로스라이선싱의 상대방 특허의 경제적 가치를 평가하기 위해서는 특허의 수, 특허의 권리 기간, 특허의 권리 범위 및 기술적 가치(발명이 제품에서 차지하는 비중 등), 원천기술인가 아니면 개량기술인가, 특허의 유효성(무효 가능성은 없는가) 등을 전문가의 도움을 받아 깊이 있게 검토하여야 할 것이다.

(5) 집단실시권

집단실시권(Package License)은 한 건의 기술이전 계약으로 여러 건의 기술을 동시에 실시하는 권리를 말한다. 집단 실시권은 일방이 상대방에게 일괄적 실시를 강요하는 강제 집단실시권과 당사자 간의 자유로운 협상에 의한 임의 집단실시권으로 구분할 수 있다. 강제 집단실시권은 공정거래 법령에 위반된다. 강제 집단실시권은 기술공급자로서는 유사기술 여러 건을 일괄적으로 이전할 수 있다는 장점이 있고, 기술도입자 처지에서는 불필요한 기술까지 일괄이전 받게 되어 이전비용이 증가되는 단점이 있다.

(6) 강제실시권

강제실시(compulsory license)란 특허권자가 실시할 수 없거나 실시할 의지가 없는 경우에 특허권자 이외의 다른 사람이 특허발명을 실시하도록 허락하는 것을 말한다. 강제실시권제도는 우리나라는 특허발명의 강제실시제도를 특허법으로 규정하고 있다. 강제실시제도가 현실적으로 아무런 효과도 없는 제도라는 무용론까지 있다. 특허법에서 강제실시권을 규정하고 있는 우리나라에서 현실적으로 “공공의 이익”요건을 엄격하게 해석하여 강제실시권이 발동된 적이 거의 없는 반면에 특허법에서 강제실시권을 채택하고 있지 아니한 미국에서는 독점을 규제하는 차원에서 법원이나 정부에 의해 강제실시권이 그동안 100여 건 이상 허락된 실적이 있다.[1)]

4. 기술지도

기술지도는 기술공급자가 기술수요자에 대하여 행하는 기술전수(자문)활동을 말한다. 기술지도는 실시권 허락을 위한 기술실시 계약의 내용에 포함되는 것이 일반적이지만 기술실시 계약과는 별도로 수행하기도 한다. 예를 들면 기술자 파견 · 기술자문 회의

1) 김원준, “의약품 특허의 강제실시권 비교법적 고찰”, 법학연구 43, 전북대학교 법학연구소, 2015.1, 736면.

개최이다.

5. 공동연구

공동연구는 유사기술 또는 이종기술을 보유한 복수의 주체가 협력하여 기술 · 생산능력 향상 등을 위해 협력하는 것을 말한다. 예를 들면 기술 제휴 · 생산제휴이다.

6. 실시료(로열티)의 산정

로열티율 산정은 동종업계에서 종래에 지급된 금액을 기준으로 한다. 이 외에 기술의 중요성 및 로열티 지급방식에 따라 로열티율이 가감될 수 있다.

(1) 기술의 중요도에 따른 구분

가. 혁신기술: 오랫동안 느껴 온 필요를 충족시키거나 완전히 새로운 산업을 창조하는 것

나. 주요 개량기술: 현존하는 제품, 공정 또는 서비스에 제품의 우위성을 상당한 수준 높이는 것

다. 보통 개량기술: 현존하는 제품, 서비스에 점진적인 향상을 가져오는 것

(2) 로열티 지급조건에 따른 구분

가. 경상실시료: 기술의 실시성과에 따라 지불되는 실시료로서 그 금액은 실시권자에 의한 사업성과에 의해 결정된다. 통상적으로 매출액기준으로 정한다.

나. 정액 실시료: 성과와 관계없이 지급되는 고정액의 실시료를 말한다. 계약 전 기간의 실시료의 금액을 일시불로 지급하는 방식으로 정하거나 매월, 매 분기당 몇백만 원, 몇천만 원 등으로 나누어 내는 방식으로 정한다.

다. 기타 지급조건: 금전대가 이외의 현물(주식 포함) 등으로 지급되는 실시료를 말한다.

Ⅲ. 지식재산을 활용한 자금 조달

1. 특허담보대출

기업에 있어서 자금의 흐름은 기업의 생존과 직결되므로 기업의 자금 조달 전략은 매우 중요하다. 지식재산을 이용한 자금조달 전략으로서 실질적으로 가장 많이 이용되고 있는 방법이 기술담보대출이다. 지식재산의 신탁, 지식재산의 증권화 등을 통해 자금을 조달하는 방법이 있기는 하나 국내에서 활용된 예는 미미한 편이다. 기업의 자금 조달 전략으로서 특허 담보대출 및 IP 보증과 IP 담보대출연계 특허기술평가지원사업이 있다.

기술담보대출이라 함은 당해 기술을 사업화하거나 당해 기술이 적용된 제품의 개발 · 생산 · 판매를 통해 요소 또는 복합기술이 창출할 경제적 가치를 담보로 한 금전적인 대출을 말한다. 우수한 기술을 갖고 있으나, 현물담보가 부족한 기술집약형 중소기업에 원활한 자금조달과 연구개발투자를 촉진하기 위하여 기업이 보유하고 있는 지식재산권의 가치를 평가하여 이를 담보로 설정하고 자금을 대출하는 것을 의미한다.

2. IP 평가보증

IP 평가보증이란 지식재산의 가치를 평가한 후 가치금액 범위에서 보증을 지원해 주는 것이다. 기술보증기금에서 시행하고 있다. 대상기술은 산업재산권 · 저작권은 물론 신지식재산권까지도 포함한다. 특허권, 실용신안권, 컴퓨터프로그램저작권은 지식재산의 다른 기업 이전방지를 위해 담보 취득을 하며 기술평가료는 200만 원에서 500만 원이다. 평가료의 경우 금융기관과의 '지식재산(IP) 협약보증' 또는 특허청과의 '특허기술가치평가보증'과 연계하여 평가료를 지원받을 수 있다.

3. 기술평가지원

지식재산권을 담보로 대출받기 위해서는 필수적으로 기술가치에 대한 평가가 선행되어야 한다. 그런데 기술가치평가 비용이 스타트업에게 있어서는 부담이 될 수 있다. 이에 한국발명진흥회에서 기업이 보유한 지식재산권의 가치평가를 통해 지식재산권을 담보로 자금을 조달할 수 있도록 평가비용을 지원하고 있다.

Ⅳ. 지식재산 평가

1. 지식재산 평가

지식재산 또는 기술의 가치를 평가한다는 것은 지식재산의 경제적 가치를 화폐금액으로 측정하는 것이다.

(1) 기업 내부 사용

기업 내부에서 보고 및 관리목적 지식재산의 평가에는 다음과 같은 용도가 있다.

① 재무회계 목적의 지식재산 평가

기업에서는 재무회계 목적으로 특허권 등 지식재산의 가치를 평가하여 이 지식재산이 효익을 제공하리라 추정되는 기간에 체계적으로 상각하여야 하는데, 20년을 초과해서는 안 된다. 이러한 방식은 세무회계에서도 동일하다. 지식재산의 상각은 비용으로 인정되어 납세금액이 줄어들게 된다.

② 기업의 계획 수립과 관리

기업에서 사업부 관리자들은 사업부 단위의 재무성과 개선 책임을 진다. 기업가치에 영향을 미치는 지식재산을 식별하여 그 가치를 측정하고, 그 지식재산의 개발에 이바지하는 요인을 파악하는 것이 중요하다. 즉, 지식재산의 분석은 계획된 이익능력, 현금흐름창출능력, 지식재산과 관련된 기능적 · 기술적 · 경제적 잔존연수를 이해하는 도구로 사용될 수 있다.

③ 공정한 대체가격 결정

여러 개의 사업부로 구성된 대기업들은 사업부 간 거래가 발생할 때, 내부대체가격을 적용하여 회계 처리한다. 사업부 간 유형의 자산에 대한 거래뿐만 아니라, 지식재산의 매매 및 대여에 대하여 동일한 원칙을 적용할 수 있다. 따라서 사업부 간 지식재산 거래에 대한 공정한 대체가격 및 로열티율을 결정하는 것은 사업부의 업적 평가에 필수적이다. 특히 다국적 기업들은 과세소득을 소득세율이 낮은 국가로 이동시키기 위하여 지식재산 로열티율을 이용할 수도 있다.

④ 재조직과 파산결정

기업의 재조직에서나 파산심판에서 지식재산에 대한 평가는 매우 중요한 역할을 한다. 즉, 정리할 사업부를 식별하기 위하여 이익의 중요한 원천인 각 사업부의 지식재산에 대한 평가가 중요한 판단 요소가 된다. 또한 법원에서 파산결정하는 경우 채무자 소유의 지식재산 평가는 제안된 재편성 계획에 대한 심사에서 매우 중요한 요소이다. 또한 기업이 해산될 때 청산가치는 기업 실체로부터 지분소유자에게로 이전되는 유형의 자산이나 무형의 지식재산의 가치와 관련된다.

⑤ 자금 조달 – 기술담보대출

우리나라에서는 기술을 담보로 한 대출이 이루어지고 있다. 이 기술담보제도에서는 지식재산이 창출하는 현금흐름을 평가한다. 이 경우 금융기관들은 지식재산으로부터 예상 현금흐름을 할인한 지식재산의 가치를 근거로 하여 담보를 설정한다. 일반적인 대출에서도 금융기관에서는 대출신청기업들이 소유하고 있는 지식재산의 가치에 대하여 특별한 주의를 기울이는 것이 보통이다. 즉, 대출신청기업의 총자산이 부채금액을 초과하는지를 분석함에 있어서 지식재산의 포함 여부가 중요한 차이로 작용하는 것이다.

(2) 기업 외부 사용

기업이 외부와의 거래에서 사용되는 거래목적 지식재산의 평가에는 다음과 같은 용도가 있다.

① 지식재산 매매

오늘날 특허권, 상표 등 여러 가지 지식재산들이 거래되고 있다. 지식재산의 가치를 결정하는 것이 용이한 일은 아니지만, 지식재산 거래에서 필수적인 것이 지식재산에 대한 가치평가이다. 이 경우 지식재산의 가치평가는 지식재산 구매에 포함된 기대 시너지나 다른 경제적 효용들을 수치화하기 위한 경제적인 도구로서 유용하다.

② 지식재산 라이선스에 대한 적절한 로열티율 산정

특허권, 상표권, 저작권 등의 라이선스와 관련된 로열티 비율을 협상할 때 지식재산 분석은 프로젝트의 이익능력, 현금흐름창출능력, 그리고 대상 지식재산과 관련된 기능적, 기술적, 경제적 잔존 가치를 이해하는 데 도움이 된다.

③ 기업의 인수 및 합병

기업을 인수하고 합병할 경우, 기업 인수 여부에 관한 결정이 이루어진 후, '얼마를 지급해야 하는지', '거래를 어떻게 구성해야 하는지'라는 질문들이 인수 및 합병 계획과 실행에서 주요한 문제가 된다. 기업의 가치는 그 기업의 유형자산 가치와 무형자산, 즉, 지식재산의 가치로 구성된다. 유형자산에 대한 가치는 일반적으로 결정이 쉽다. 기업에 대한 가치는 지식재산 가치평가 결과에 따라 좌우된다. 기업이 합병될 때 소유자들에 대한 지분할당을 새롭게 형성된 사업체에 대한 지식재산과 유형자산에 대한 기여 정도가 중요한 요소로 작용한다. 기업의 지식재산 가치평가 결과는 기업 매매 거래에 대한 승인을 얻기 위해 구매자나 판매자에 의해 사용될 수 있다. 또한, 기업을 매수할 때 여러 금융지원을 획득하고 거래가격과 다른 거래 구성상의 조항들을 협상하기 위해 사용될 수 있다.

④ 소송 및 분쟁의 해결

기업 간 지식재산의 침해에 대한 소송이 이루어지는 경우가 있다. 이때 변호사나 소송당사자들은 계약위반 등과 관련된 경제적 손실을 인식하고, 그 가치를 평가하여야 한다. 이와 관련된 경제적 분석은 지식재산의 가치추정, 지식재산의 가치감소 추정, 지식재산 소유자의 이익·손실액 또는 다른 형태의 손실 추정을 포함한다.

⑤ 자본가와의 연결을 위한 지식재산 평가

발명가 등 지식재산 연구개발자들은 그들이 개발한 지식재산들을 기업이나 조합에 출자하여 주식 등 기업의 지분을 소유한다. 이 거래에서 두 가지 평가 과제가 발생한다. 첫 번째 과제는 기업에 대한 지분이 지식재산과 얼마나 공정하게 교환되었는가이다. 지식재산이 평가되어야 하고, 기업의 주식이 평가되어야 하고, 합리적인 가치교환 비율이 결정되어야 한다.

두 번째 문제는 지식재산을 기업에 출자함으로써 발생하는 소득세 문제이다. 즉, 지식재산개발자들이 지분을 받을 때 혜택을 받은 수익을 평가하고, 이의 개발에 든 개발비용을 평가하여 개발자들이 얼마의 이익을 벌어들였는지를 평가하는 것이 필요하다. 특히 지식재산 평가는 발명가 등 지식재산 개발자와 자본가를 만나게 하는 중요한 역할을 한다. 즉, 지식재산 개발자들은 기술적 노하우를 다른 사람에게 판매하고자 하며, 자본가들은 자본을 유망한 기술에 투자하여 수익을 올리고자 한다. 지식재산 평가는 당해 기술이 어느 정도의 경제적 가치를 가지고 있는가를 평가함으로써 이 둘을 연결해 주는 고리 역할을 한다.

2. 기술가치 평가기법

(1) 기술가치 평가의 필요성

기술거래, 지식재산권의 현물출자, 조세(Tax), 소송(Litigation), 기술금융, 기술실시, 인수 · 합병(Merger & Acquisition: M&A), 합작투자(Joint Venture), 전략적 제휴(Strategic Alliance)를 위하여 기술의 가치를 금액으로 평가할 필요가 있다. 기술가치 평가방법은 평가대상인 기술의 유형과 평가자에 따라 다양하다. 기술가치평가 기법에는 크게 비용접근법(Cost Approach), 시장접근법(Market Approach), 수익접근법(Income Approach)과 함께 실물옵션접근법(Real-Option Approach)이 있다. 개별기술이 가지고 있는 특성에 따라 기술평가 방법(모델)이 다르다. 평가결과는 평가기관 및 최종 용도에 따라 보통 등급, 금액, 소견 등으로 표시된다.

(2) 수익접근법(Income Approach)

수익접근법(Income Approach)은 기술이 상품화되었을 때 미래에 발생할 수 있는 현금흐름을 경제적 편익의 여러 가지 요소(기술수명, 현금흐름, 기술기여도)를 고려하여 예측하고 이를 적절한 할인율을 적용해서 현재 가치화하는 방법을 말한다. 특허 등 지식재산권의 가치산정에 주로 적용되는 기법이다. 기술을 이용하여 발생하는 추가적인 현금흐름을 추정하여 기술의 가치를 평가하는 방법이다. 예를 들면 기술을 타인에게 대여하고 사용료를 받고 있다면 앞으로 예상되는 총 사용료 수입(미래 현금흐름)의 현재 가치를 산정하여 기술의 가치를 평가할 수 있다.

(3) 시장접근법(Market Approach)

시장접근법은 감정대상 기술과 유사한 기술이 활성 시장에서 거래되었다는 것을 전제로 하여 비교대상 기술의 가치 정보 및 통계에 근거하여 감정대상 특허기술의 상대적인 가치를 산정하는 방법이다. 감정대상 특허기술을 비교대상 기술과 비교하여 차이가 있는 부분에 대해서는 차이점이 기술의 가치에 미치는 영향을 고려하여 차이 조정을 한다. 유사자산의 거래가격으로 평가하는 방식인데 기계설비류, 컴퓨터 HW · SW 등과 같이 비교 가능한 자산이 존재하는 기술의 평가에 적용되는 기법이다. 시장접근법은 평가대상 기술과 유사한 기술거래 정보가 충분한 경우에 유용한 평가방법으로 기술료 산정에 주로 활용된다.

(4) 비용접근법(Cost Approach)

발생할 수 있는 미래의 모든 효용과 이익을 재조달하기 위하여 필요한 금액을 산정하고, 이에 감가수정(경과 기간의 가치 하락분을 차감)을 가하여 기술의 보유로 인한 미래 경제적 편익을 가치로 산출하는 방법을 말한다. 기술개발비용, 재생산원가, 대체원가 등 상세한 원가정보 등을 토대로 하여 감정대상 특허기술을 개발하는데 소요된 비용을 추정함으로써 감정대상 특허기술의 가치를 추정하는 감정방법이다.

3. 기술가치 평가기관

기술가치 평가는 해당 기술의 기술성, 시장성, 경제적 타당성 등을 모두 고려한 후에 각 요소를 통합하여 총체적인 결정을 내려야 하므로 상당한 비용과 시간이 필요하다. 따라서 자금과 인력이 부족한 중소기업이 기술가치평가를 자체에서 수행하는 데에는 상당한 무리가 있어, 기술가치평가 전문기관의 도움을 받아야 한다.

찾아보기

정연덕

서울과학고등학교 졸업
서울대학교 공과대학 전기전자공학부 졸업
서울대학교 법과대학원 법학 석사
서울대학교 법과대학원 법학 박사
미국 NYU(New York University) Law School LLM 수학

건국대학교 법학전문대학원 교수 | 건국대학교 법학전문대학원 학생부원장, 교무부원장 | 건국대학교 법학연구소 기술과 법 센터장, 비교법센터장 | 건국대학교 연구진실성위원회, 기획위원회, 산학기술정책위원회 위원 | 대법원 재판연구관 | 공정거래위원회 지식재산권정책자문단 위원 | 보건복지부 제대혈위원회 위원 | 산업통상자원부 산업기술보호실무위원회 위원 | 산업기술진흥원 기술기부채납 관리위원회 위원 | 정보통신연구진흥원 IT 우수기술지원 과제관리전문가 | 한국데이터산업진흥원 데이터품질인증자문단 위원 | 한국발명진흥회 Patent troll 전략적 대응체계구축 운영위원 | 한국정보통신기술협회 표준화위원회 IPR 전문위원회 의장 | 한국조혈모세포은행 기증자보호위원회 위원 | 한국저작권법학회 총무이사 | 한국지식재산연구원 특허권남용방지지침 전문가포럼 위원 | 한국지식재산연구원 강제실시제도 전문가포럼 위원 | 미술 개인전시회 9회 | 사법시험, 변호사, 변리사 시험, LEET 시험 위원 | 정교수 지식채널 유튜브 운영

[제2판] **특허의 이해**

초 판 발행 2018년 8월 30일
제2판 발행 2025년 8월 20일

—

저 자 정연덕

—

발행인 이방원
발행처 세창출판사
신고번호 제1990-000013호
주소 03736 서울시 서대문구 경기대로 58 경기빌딩 602호
전화 02-723-8660 팩스 02-720-4579
이메일 edit@sechangpub.co.kr 홈페이지 www.sechangpub.co.kr
블로그 blog.naver.com/scpc1992 페이스북 fb.me/Sechangofficial
인스타그램 @sechang_official

—

ISBN 979-11-6684-432-4 93360